¡Que entre el cerdo hormiguero!

Seix Barral Biblioteca Formentor

Jessica Anthony
¡Que entre el cerdo hormiguero!

Traducción del inglés por
Javier Calvo

Título original: *Enter The Aardvark*

Seix Barral, un sello editorial de Editorial Planeta, S. A.
Avda. Diagonal, 662-664, 08034 Barcelona (España)
www.seix-barral.es
www.planetadelibros.com

Primera edición: junio de 2021
ISBN: 978-84-322-3886-4
Depósito legal: B. 8.060-2021
Composición: Realización Planeta
Impresión y encuadernación: CPI Black Print
Printed in Spain - Impreso en España

El papel utilizado para la impresión de este libro está calificado como **papel ecológico** y procede de bosques gestionados de manera **sostenible.**

Para Thomas Shearman Anthony
y Susan Terrell Anthony

Una de las miserias privadas más difíciles de evitar es ese tumulto constante de oratorias y salmodias que sale de la garganta humana universal y que ahoga de inmediato cualquier clase de reflexión, salvo la triste reflexión de que has caído en una época maligna, agobiante e indiscreta, y que debes resignarte a sobrellevar tu parte en ella.

THOMAS CARLYLE, 1850

... Una masa arremolinada de vapores sale disparada y surca a toda pastilla el espacio exterior, durante un lapso infinito, hasta colisionar con una elipsis de gases que *no la suelta*, y, después de otro lapso infinito, los vapores hierven hasta convertirse en nubes de fuego, atrapadas por la gravedad, y esas nubes hirvientes dan vueltas y más vueltas hasta que, aceptando el destino, se enfrían en forma de un manto único que se resquebraja aquí y allá, y entonces brota la lava, y se expande, pero también hay sitios donde la lava no encuentra vía de escape y, por tanto, presiona contra sí misma (contra la misma lava) y, ¡tachán!, *montañas*, y a través de la superficie del manto brota más vapor, que entra en contacto con el aire, y de golpe todo es *agua, muchísima agua*, y toda esa *agua* entra en contacto con la *lava caliente*, y se elevan chorros de vapor, fumarolas, y son estas fumarolas acuáticas que se elevan y caen *ad nauseam* las que generan *los océanos*, y dentro de *los océanos* hay fosas enormes que tienen su paralelo en las islas, formaciones de roca enfriada procedentes de las varietales de lava caliente que reptan obscenamente sobre el manto, que a su vez se ha convertido en un globo entero de grauvaca y pedernal imposible de cartografiar, y el sol brilla sobre esas aguas hasta que en las orillas, en los atolones y en las plataformas menos profundas, danzando en las corrientes cálidas, entran en escena los flagelados, el plancton y el fitoplancton, tensos, innumerables, toqueteando y removiendo el suelo del fondo, que está cubierto de algas y braquiópodos y esponjas vítreas con forma de saquito, y luego entran en escena los copépodos, el kril y las medusas, las larvas de cangrejos, los pterópodos, salpas y heterópodos, y los gusanos —Dios mío, los gusanos flecha, alguien debería tomar cartas en el asunto con los puñeteros gusanos flecha—, y entra en escena el pez candil, entra la gamba mantis, el pez plano/linterna/hacha, entra el calamar miniatura, y a algunos les salen colas, y todos tienen caparazones y bocas, se lo tragan todo, engordan hasta convertirse en peces, y esos peces gordezuelos se alargan y aprenden a nadar, agitan los mares *hasta ponerlos nerviosos*, y algunos de ellos rondan los márgenes de esas lagunas y sacan los hocicos a la tierra, quieren secarse, irse tierra adentro, y, oh, maravilla, aquí empieza la Gran Reptación, ¡y mira cómo *caminan* esos vertebrados tetrápodos ectotérmicos!

¡Salve a los fans del Devónico! Los tiktaaliks y los tulerpetones empinando las cabezas planas, expectorando oxígeno por sus tubos acuáticos, y por fin cambiando las branquias por piel, en busca de aire libre, y estos tristes vertebrados todavía tienen que pasar *otro* lapso infinito de *arrastrarse* por las placas tectónicas en movimiento antes de asentarse finalmente en los llanos del Karoo, en el África meridional, convertidos en reptiles patizambos y de codos puntiagudos, en pleno aprendizaje del arte de las articulaciones dobles, alineando sus planos de movimiento, hasta que dentro del cráneo se les forma un paladar secundario de hueso, antecedente de la separación casi completa entre comida y aire, y esas oberturas terápsidas temporales van migrando hacia la cúspide craneal, y aquí llegan la cresta sagital, la cavidad cerebral y el macizo facial; son los primeros prototipos de mamíferos, en cuyo seno no tarda en emerger un clado de minibestias afroterias, camadas enteras de musarañas elefante y tenrecs, tupayas y damanes. Los hocicos diminutos se les endurecen. Los pellejos suaves se les engrosan *a saco*, y entretanto el pelo se retira, dejando al descubierto la piel dura, de un tono rosa amarillento que resplandece bajo el sol, ¿y qué hay para comer?, no hay nada para comer, *tenemos que encontrar comida*, de manera que se ponen a excavar. Les aparecen pezuñas.

Pero las pezuñas no van bien para excavar. Se hienden en tres y, *voilà!*, sale de escena el pólex y entran las zarpas, en forma de gruesa cuchara. Entran en escena las orejas, largas, blandas y tubulares. Entra el apéndice bucal, el doble de largo que el del cerdo, la mitad de largo que el del oso hormiguero, pero no es el del oso hormiguero; este hocico en particular tiene nueve bulbos olfativos, es mejor que el de ningún otro habitante de las praderas, de esos que protagonizan estampidas en la sabana calurosa y traicionera; y después de otro lapso infinito, por medio de la evolución paralela de un mamífero mucho menos recio, el Hombre Moderno, uno de cuyos especímenes se hace llamar sir Richard Ostlet (pero qué son los nombres), ese tal sir Richard Ostlet incluye la especie en 1875 (pero qué es el tiempo) en el orden Edentata, los «sin dientes», antes de darse cuenta de que se ha equivocado; en realidad, la criatura es Tubulidentata. Los dientes están ahí, al fondo del todo, junto a la garganta. Y esos tubos dentales están al servicio de la lengua, que a su vez es delgada y protráctil y se encuentra cubierta de una sustancia viscosa y espesa a la que de ahora en adelante se quedarán adheridas todas las hormigas y termitas que desentierre del suelo.

—Escribe «*Orycteropus*» en el registro —le dice Ostlet a su asistente mientras examina las zarpas—. Viene del griego. ¿Sabes qué significa?

El joven niega con la cabeza.

—Pies que excavan —explica Ostlet—. Tiene orejas de conejo y morro de cerdo. Pero ¿cómo lo vamos a llamar? —Echa a andar—. Escribe «cerdo liebre». Las orejas y el morro nos dicen que se guía por el oído y el olfato... No, espera. Escribe «cerdo hormiguero» —dice.

Pero tampoco le suena bien.

Le pregunta a uno de los cazadores africanos cómo llaman a esas bestias.

—*Aarde vaarke* —responde el cazador, negro y apuesto, y señala el animal sin saber que su gente adoptó la palabra hace siglos de los colonos holandeses—. Cerdo de tierra.

Ostlet asiente con vigor.

—Escribe «Aardvark» —dice, y el joven asistente, alumno suyo en el Departamento de Ciencias Naturales de la Universidad de Edimburgo, lo anota obedientemente.

1

Es agosto. El Congreso está en receso. Tú no estás en receso. Tú estás en plena campaña de reelección para el primer distrito congresual de Virginia. Tu oponente se llama Nancy Beavers, y ya has decidido que de aquí a las elecciones no va a haber más días libres. Si has de perder el cargo, no será perdiendo contra una mujer. Y menos una mujer llamada Nancy. Una mujer llamada *Nancy Beavers, joder.*

De forma que no tenías intención de tomarte el día de hoy libre, pero es que hay una ola de calor. Han caído muchas redes eléctricas por toda la ciudad. Y la tuya es una de las que se han estropeado.

No funciona el aire acondicionado. No funciona internet. No funciona la tele. No funciona nada. Y tú también estás fuera de servicio.

Estás reclinado en un sofá victoriano de color amarillo canario que tu asistente te compró hace tres días en una feria callejera de antigüedades por 1.900 dólares, hojeando el libro *Imágenes de la grandeza: una mirada íntima a la presidencia de Ronald Reagan*, hasta que encuentras lo que buscabas: una fotografía de Ronnie reclinado en un sofá victoriano de color amarillo canario.

Encima del pecho tiene unos documentos que parecen importantes.

Has mirado esta fotografía muchas veces; es la razón de que compraras este sofá, y, ahora que lo tienes, estás tumbado exactamente en el mismo sofá, y exactamente en la misma posición, que Ronald Wilson Reagan.

Pasas la página.

Ves a Dutch, a Ronnie, en su rancho, a lomos de un caballo y seguido por un grupo de foxhounds moteados; la curva de la panza se le perfila bajo una camisa de cowboy de tela vaquera ligera, exactamente la misma camisa que te compraste en la misma feria de antigüedades, y te fijas en cómo los flecos de sus chaparreras de color marrón claro cubren la parte superior de sus botas de montar, y te estás planteando mandar a tu asistente de vuelta a la feria para que busque esas mismas botas cuando suena el timbre.

El timbre de tu puerta no es de los que zumban, es más vetusto. Como de los años ochenta. Te preguntas quién puede ser, porque nunca viene nadie a tu puerta. Todo el mundo va siempre a tu oficina. Luego te preguntas cómo es que funciona el timbre cuando no funciona nada más. Y caes en la cuenta de que el timbre no está conectado a la red.

Esto te produce pánico.

Podrían ser Rutledge u Olioke, piensas, los dos congresistas que durante el periodo de sesiones del Congreso se alojan contigo entre semana en las habitaciones de invitados de tu casa, que queda cerca del Capitolio, pero es bastante poco probable: el representante William *Billy* Rutledge (Demócrata) ha vuelto a su granja con su mujer y sus cinco hijos varones. Se marchó hace dos días y no regresará hasta septiembre. El representante Solomon *Sammy* Olioke (Republicano) está en una casa de campo con su mujer y sus cinco hijas. Se trata de una casa de campo de mierda a orillas de un lago de mierda, y en tu casa Olioke también va dejando su mierda por todos lados, y su estilo de gobernar es otra mierda; es de Rhode Island y lo han reelegido cuatro veces, de manera que, aunque sea republicano, lo odias un poco.

Vuelve a sonar el timbre.

No tienes mujer ni hijos. Igual que el representante Rutledge, eres joven, blanco y apuesto, pero soltero. No es algo que te preocupe. Fue el sello distintivo de tu primera campaña (eso y el aborto). Es como te conoce la gente. Ahora que buscas la reelección, en cambio, a tus asistentes ya no les parece tan bien: tu índice de popularilidad se mantiene ahora mismo estable en un 52 %, que, aunque es bueno, no es todo lo bueno que podría ser, y últimamente tus asistentes te han estado diciendo que te Busques Una Mujer.

Si te Buscas Una Mujer, dicen, tu índice de popularidad mejorará, porque aunque estás igualado con la puta Nancy Beavers, una mujer de mediana edad con un culo que parece un par de amigables sartenes de hierro y que lleva unos trajes pantalón inenarrables..., la puta Nancy Beavers no es soltera, joder. La muy zorra tiene hijos. Tu perfil de candidato es «soltero» y el de ella es «hijos», y estás intentando utilizar tu materia gris para entender por qué mucha gente que debería constituir *tu* electorado prefiere confiar en la puta Nancy Beavers por el simple hecho de que tiene *hijos*, dejando completamente de lado que su única experiencia de gobierno es perder por los pelos una campaña a la alcaldía local, cuando suena el timbre por tercera vez.

Subes la escalera. Te pones el albornoz.

Tu albornoz es azul marino con ribetes rojos y costó 398 dólares. Lleva el monograma APW en fuente Chancery, está confeccionado en algodón egipcio y es de Bill Blass, el diseñador favorito de Ronald Reagan. En *Imágenes de la grandeza* hay una foto de Reagan llevando el mismo albornoz, de la época en que le dispararon, y con él puesto siempre te sientes de maravilla, y por eso te lo pones ahora, por mucho calor que haga fuera.

Debajo llevas una camisa Oxford. Como Reagan. Incluso después de que le dispararan, siempre llevaba una camisa Oxford.

Eres menos hombre que Ronald Reagan, y lo sabes, pero nadie podrá acusarte nunca de que tus metas no fueron elevadas, piensas mientras bajas la escalera y abres la puerta.

1875

Sir Richard Ostlet, naturalista zoológico de cincuenta años y poblados bigotes, se encuentra en los llanos del Karoo, en el África meridional, en la región que algún día se conocerá como Namibia, buscando mamíferos extraños que llevarse de vuelta a Gran Bretaña, y hay unos mamíferos en concreto, los cerdos hormigueros, que, a pesar de que ya existían varios miles de milenios antes que Richard Ostlet, le parece que encajan con la descripción.

Tienen un poco de pinta de *chiste*, piensa Ostlet; un poco de pinta de *accidente*, parte conejo, parte cerdo o incluso parte canguro, pero en realidad el cerdo hormiguero no es nada de todo eso; y tampoco les resulta extraño a los dos cazadores africanos que trabajan para Ostlet y que matan a esas bestias de forma habitual, por su carne y/o por diversión, y que ahora mismo están presentándole a sir Richard tres especímenes de gran calidad que arrancaron anoche de sus largos túneles arenosos.

De los tres especímenes, hay uno que llama de inmediato la atención de Ostlet. Maravillosamente jorobado y provisto de unas zarpas considerables, es el de más edad y, por tanto, el más grande de los tres, y al naturalista le recuerda a algo, aunque no sabe a qué. Sea lo que sea lo que le provoca la sensación, no es ni la piel hipotricósica, de color rosa amarillento, ni las cuatro extremidades de color terroso —plantígradas las traseras, digitígradas las delanteras—, ni tampoco es el pericráneo redondo y arrugado común en los ungulados y otros mamíferos con pezuñas, ni tampoco las orejas, de pliegues sedosos, ni el hocico porcino alargado con sus gruesas cerdas que confinan los orificios nasales, cubren la nariz y hasta le salen de las mejillas; es algo relacionado con los ojos, con su mirada amable y de largas pestañas, que le otorga una expresión *coqueta pero noble*, como la de un perro inteligente, y cuando los demás se marchan y Ostlet se va a cenar a una tienda de campaña cercana, sigue observando al cerdo hormiguero muerto, y le sorprende verle en la cara una especie de melancolía, hace años que no se siente tan triste, y la carga emocional que siente es tan repentina, tan pesada, que su primer instinto es compartirla, repartírsela con alguien.

Pero no hay nadie con quien pueda hacerlo.

Porque Ostlet no le puede decir a su asistente: «Llega la melancolía, cual ajuste de cuentas», o: «Llega el malestar, cual corriente helada», y, por consiguiente, urde un plan. Elige a ese cerdo hormiguero. Preservará su carcasa para el trayecto en barco a Inglaterra y ordenará que manden la piel, el esqueleto y sus notas y bosquejos a su amigo íntimo, el taxidermista Titus Downing, de Royal Leamington Spa, el único hombre en el mundo, en opinión de Richard Ostlet, que le puede hacer justicia al cerdo hormiguero.

El cerdo hormiguero llegará a Leamington Spa.

Pero Ostlet no.

Esa misma noche, el hombre, que está recién casado con una guapa y esbelta botánica llamada Rebecca y que hace sólo unos meses firmó el alquiler de un encantador piso nuevo en el encantador Gloucester Walk, entre el Holland y el Hyde, dos de los parques más cautivadores de Londres; que participa en todos los «clubes de campo» sociales, como el Midland Union, el Yorkshire Naturalists Union o el prestigioso Cotteswold Club, donde se sirve a los miembros pastel de alcaravea y champán; y a quien hasta el momento presente todos sus conocidos han considerado un hombre completamente abierto y bendecido con una disposición optimista por naturaleza, una disposición que lo ha caracterizado desde su juventud, se encontrará a sí mismo despierto en la oscuridad de su tienda de campaña en África, expulsado de sus sueños.

Richard Ostlet se levantará de su camastro y hurgará en el gabinete de madera donde guarda su equipamiento, cinco hileras de cajones revestidos de corcho, empapelados y atiborrados de los *accoutrements généraux* de todo naturalista: los botes de tizas y tachuelas, las gomas de borrar blancas, las esponjas redondas y pinchudas, los frascos de vidrio con tapa, las botellas marrones de cloroformo y, por encima de todo, numerosas bolas blancas de alcanfor, necesarias para la conservación de los especímenes; y ésta es una ironía que Ostlet no se plantea cuando saca las bolas de alcanfor de sus cajones, destapa una botella de whisky y una por una se las va tragando como si fueran pastillas, hasta morirse.

El hombre que está en la puerta lleva un uniforme violeta y negro de FedEx. Tiene una tablilla sujetapapeles de FedEx y detrás de él ronronea un camión blanco de FedEx en medio de la canícula. Es FedEx.

—¿Representante Wilson? —dice.

—Sí —le contestas.

—Firme aquí —te dice.

El hombre es de estatura media, quizá un poco gordezuelo, y lleva una barba larga y castaña y unas gafas graciosas de culo de botella, y cuando estés sentado delante de un comité del Congreso, en la vista de tu impugnación, jurarás que ésos son los únicos detalles que puedes recordar de él; aunque eso todavía no ha sucedido. No sucederá hasta dentro de seis semanas. Ahora mismo lo único que te preocupa es esa caja grande de cartón que lleva tu nombre y que está colocada de pie, vertical, detrás del empleado de FedEx. No tiene remitente.

—¿Qué es? —preguntas—. ¿Quién lo manda?

El hombre de FedEx no contesta. Traza una marca de visto bueno en su tablilla, se vuelve caminando con paso ligero al camión de reparto y se sienta al volante. Arranca y se va.

En el parque infantil del otro lado de la calle al que van a chillar los niños del vecindario hay un niño negro y gordito plantado allí solo, separado de los demás. No está chillando. Te está mirando. Quiere ver qué hay en la caja, y no te extraña. Después de todo, la caja es, en fin, *muy grande*. Ocupa toda la entrada de tu casa.

Intentas levantarla del suelo. No puedes.

El niño mira cómo intentas moverla.

¿Cómo *demonios* ha podido el mensajero de FedEx traértela él solo hasta la puerta?, te preguntas, y decides que necesitas hacer más ejercicio. Dejar los carbohidratos.

Tu asistente, Barb Newberg, come carbohidratos todo el tiempo, pero no le gusta comerlos sola, así que te llena el despacho de envases de plástico de Panera. Galletas danesas aceitosas y magdalenas. Barb y sus *barbohidratos.* Como muchas mujeres de mediana edad a las que conoces, Barb Newberg confunde la amabilidad con la glotonería, y se te ocurre que sin duda ya toca cambiar de secretaria mientras examinas la caja, que realmente es grande y pesada y no tiene nada por fuera más que las junturas selladas con cinta de embalar, tu nombre y tu dirección de Foggy Bottom, que es el número 2486 de Asher Place, en la siempre bella ciudad de Washington D. C.

Te paras a pensar un segundo: quizá *no deberías* meter en casa algo sin saber qué es ni de dónde viene (nunca has perdido del todo aquel miedo al ántrax post-11S de cuando eras becario), y por eso, durante uno de los días más calurosos del año, te quedas ahí plantado en albornoz en la entrada de las casas unifamiliares de Asher Place de la acera de delante del parque infantil —donde ahora el niño negro gordito te está mirando *muy fijamente*—, dejas la caja en la entrada, entras a toda prisa en la cocina y hurgas en los cajones hasta encontrar lo que buscas: un cuchillo, concretamente un cuchillo de pelar pequeño y oxidado que pertenece a Olioke, y cuando regresas a la caja lo llevas en la mano.

Rasgas las junturas. Miras dentro mientras el niño, sin supervisión de nadie, cruza la calle y se te acerca por detrás.

—¿Qué es? —te dice.

El niño sube los escalones de tu entrada sin que lo invites y mira respetuosamente cómo haces dos rajas irregulares en cada lado. Cree que su paciencia se verá recompensada. Es lo justo.

Pero la vida no es justa.

Creas una especie de asas improvisadas metiendo las manos por las ranuras y así consigues arrastrar hasta el interior la caja enorme, hasta tu sala de estar, sin hacer caso de la expresión que se le queda en la cara al niño cuando le cierras suavemente la puerta en las narices, en silencio.

Abres la caja y te viene de inmediato a la cabeza un libro ilustrado de quinto de primaria que se titulaba *Mamíferos de África*. Te acuerdas de que en el libro había una criatura que parecía un oso hormiguero, y que, cuando la profesora te preguntó, te pusiste a hablar lleno de confianza del oso hormiguero y te quedaste mortificado cuando la profesora te riñó al terminar por haber metido la pata: no era ningún *oso hormiguero*, porque los *osos hormigueros* vivían en Sudamérica, te dijo, y lo que tu clase había estado estudiando era *África*, y sostuvo el libro en alto y señaló el título, *Mamíferos de África*; y la profesora, la señorita Sline, que había pasado un año viviendo en Londres con su prometido antes de que éste la dejara, que todavía hablaba con acento británico impostado e incluso, de vez en cuando, usaba una jerga británica ridícula, apenas movió la boca cuando pronunció la palabra inglesa *aardvark*, y cuando te pidió que la deletrearas, lo hiciste tal como la habías oído, y es por eso por lo que los demás niños se pasaron el resto del curso llamándote *Odd Fuck*, «puto pirado». Pero no es sólo gracias a este recuerdo como sabes que la enorme criatura disecada que tienes en la sala de estar es un cerdo hormiguero; también lo sabes porque te lo dijo Greg Tampico la primera vez que terminó de chuparte la polla.

La dirección del taller de taxidermia de Titus Downing es el 24 de Victoria Terrace, en Royal Leamington Spa, la casa de la esquina, justo delante de la iglesia de Todos los Santos, un edificio que es imposible no ver gracias a las doce cabezas de ciervos macho de cola blanca, con todas sus cornamentas, que hay colgadas en la entrada, donde quizá debería haber habido un toldo.

Titus Downing, un hombre flaco y mustio de cuarenta años, es uno de los mejores taxidermistas de Inglaterra, el único, de hecho, a quien la reina Victoria le ha otorgado la Orden de Proveedor de la Corona. En 1875, Downing disfruta de cierta fama local, gracias a que hace poco ha disecado, modelado y montado una jirafa africana de casi dos toneladas, adquirida por el New Walk Museum de Leicester e instalada ahora para dar la bienvenida a los visitantes del museo en su gran vestíbulo. Un periodista del *Evening Standard* opinó en tono entusiasta: «¡Esta jirafa parece tan viva que, cuando la ves, casi esperas que sus patas se bajen ágilmente del pedestal!», y a continuación viajó en tren, de Londres a Birmingham y de allí a Leicester y a Leamington, para exigir a Downing que le revelara su secreto: ¿cómo era *posible* que una criatura muerta pareciera tan viva? «Parece magia», dijo, y Titus Downing, que consideraba que el arte del taxidermista no era muy distinto del arte del mago, le contestó así:

—Me está preguntando usted cómo creo belleza. El secreto está en mostrar belleza que sea fiel a la vida. La belleza debe ser reconocida por sí misma, incluso por las mentes no científicas. Éste es el argumento que defiendo y la meta que me pongo.

Fue la mejor manera que encontró Downing de explicarle al periodista que la taxidermia no se debe a la muerte, se debe a la *vida*. Es un renacer, es *religión*, y cada carcasa que cae en manos de Downing *renace literalmente*; es Cristo llamando a Lázaro para que salga de su cueva.

Todo empezó dos décadas antes, en 1851, cuando un joven Titus Downing asistió a la Exposición Universal de Londres. Una vez allí, no prestó atención a la intrincada cristalería del grandioso Crystal Palace, ni a la opulencia del diamante Koh-i-Noor, ni a los daguerrotipos de Brady, ni al pronosticador de tempestades con sus sanguijuelas que olisqueaban tormentas; Downing sólo tenía ojos para Charles Darwin, de cuarenta y dos años, que estaba allí para explicar el trabajo de todos los taxidermistas de la exposición. Darwin había practicado el arte de la taxidermia a bordo del *Beagle*, pero lo había aprendido en Edimburgo bajo la tutela de John Edmonstone, un esclavo liberto guyanés que se había ganado la vida así: enseñando taxidermia.

Los guyaneses, dijo Darwin, que eran predominantemente hindúes y jainistas, conocían mejor que nadie el arte del renacimiento. Según sus creencias, el *atman* o *jiva*, la esencia vital inmortal de todo ser vivo, es intrínsecamente puro e imperecedero, y desde el momento en que se enteró de esto, Titus Downing emprendería la tarea de recrear la apariencia de la «piel en movimiento» de una criatura, de despertar su *jiva* individual. Y aunque no es el primer taxidermista británico que diseca una jirafa, como la que ha disecado con tanta sinceridad contiene su *jiva*, Downing supone cordialmente que el periodista del *Evening Standard* y muchos otros deben de tener razón: sus habilidades son *únicas* (quizá sea incluso el mejor en su profesión), de forma que no le sorprende en absoluto que su talento haya alcanzado un nivel de refinamiento jamás igualado por los participantes en la Exposición Universal, por Darwin, o incluso ni siquiera por el liberto guyanés.

Sin embargo, Downing no es rico. Tampoco es muy popular. Y eso se debe a que su trabajo, o eso cree él, se ha malinterpretado de forma general.

A las mujeres en particular, aunque también a muchos hombres, cuando se enteran de su profesión, les encanta deleitarlo con anécdotas de la tienda que tiene en Sussex el adinerado señor Walter Potter y su «Museo de Curiosidades», y Titus

Downing, de Leamington Spa, no tiene paciencia para la gente que cree que él hace lo mismo que Walter Potter.

Walter Potter —¡el nombre mismo le causa una llaga en la lengua!—, *Walter Potter*, que antropomorfiza toda clase de bestezuelas para componer obscenos retablos humanos: jerbos tomando el té, conejos jugando a las cartas, gatitos con vestidos de boda en miniatura, ¿y el público adora ese tipo de cosas?

Walter Potter es la razón de que a Titus Downing no le importe la atención del público.

El método de Downing, si se lo puede llamar método, es la súplica. Es la plegaria. Porque sólo por medio del ejercicio de la humildad total, cree él, se pueden invocar plenamente los deseos ajenos. A fin de entender cómo se mueve una criatura, hay que saber qué *quiere* esa criatura, y así es como Downing consigue visualizar la piel que manipula: ver el propósito de la mandíbula entreabierta de la ardilla, darle forma con precisión total a la *curvatura* flexible de la pata trasera del lobo, replicar la *sorpresa* picoabierta del mito de cola larga... Pero es en las Grandes Piezas donde Downing brilla de verdad, y ahora mismo el hombre (¡qué pálido es!, ¡parece anémico!) está encorvado sobre el pellejo de un gran tigre de Bengala en la cálida y bien iluminada trastienda de su taller de taxidermia.

No hay sillas. El taller de Downing no tiene

más que diez metros de ancho y diez de largo, lo justo para albergar dos tronadas mesas de trabajo de madera de pino. Una ventana solitaria y plácida ilumina un trío de estantes que sostienen hileras de gruesos frascos de vidrio llenos de cera de abeja, aceites mezclados de cedro, carbonato de potasio, vino de palma, y que al lado tienen yesos en polvo, arcillas de tierra y agua, una colección de jabones y cales de arsénico, astringentes y polvos, y aunque Downing ya no puede olerlo porque le ha calado en la misma piel, en la ropa y en la pelusa castaña que le queda en el cuero cabelludo, todo lo envuelven el *romero* y el omnipotente olor a pino del alcanfor.

Al final de una de las mesas de trabajo, al lado de una piedra de afilar plana, envueltas en un pliego de cuero pulido de vaca y cordel, están las herramientas del taxidermista. Porque el artesano sin talento se rodea de un gran despliegue de artículos innecesarios, cuya ayuda invoca infructuosamente, pero el artesano con talento elige los que él llama «los pocos y selectos», que para Downing son: 1) un cuchillo de desuello, clásico e indispensable, con el bisel de la hoja alargado y la curva angosta, y con el mango hecho de un luminoso *lignum vitae*; 2) una variante más ancha del clásico e indispensable cuchillo de desuello, con la curva más grande, destinado a trabajos más duros, y 3) un cuchillo serrado para el trabajo más tosco, con la hoja perforada y el mango de madera firmemente unido al reposadero del recazo con una virola de metal pulido.

De unos clavos viejos de la pared cuelgan dos escalpelos de disección suministrados por un fabricante de instrumentos quirúrgicos de Londres, dos pares de tijeras (unas para hacer incisiones, otras para podar), un par de voluminosos alicates y una bolsa de tela grande que contiene el punzón, la esbelta pala para extraer el cerebro, unas tenacillas de cortar habituales sobre todo en relojería, una vara de relleno recta (Downing usa una vieja cuchara de remover de tabernero) y, por último, unos fórceps delicados de forma acampanada, para cuando el trabajo exija una prudencia extraordinaria. Y son los fórceps los que Titus Downing empuña ahora, encorvado sobre el pellejo del gran tigre de Bengala.

Era realmente un tigre de Bengala grandioso, con el pellejo del color del fuego, y Downing lleva la mayor parte de las últimas cuarenta y ocho horas con la espalda doblada y perdido en un estado onírico, casi espiritual, sintiendo que las hierbas altas le azotan la gigantesca y húmeda nariz, sus enormes zarpas posándose en la tundra, el sabor primitivo de la sangre en la boca, y ya casi es *dueño* del ritmo natural de la bestia, de todas sus pausas para respirar y, por encima de todo, de su hambre incesante e inquebrantable, que es lo que motiva su también inquebrantable animosidad, cuando alguien llama a la puerta...

—¡Córcholis! —grita el taxidermista, con las gafas caídas hasta la punta de la nariz.

Se agarra lo que le queda de pelo en la cabeza y va dando zancadas hasta la puerta del taller, que se abre con un tintineo de campanillas.

—¿Qué *pasa*? —pregunta en tono imperioso.

Y lo que pasa es un chico de los recados, poco más que piel y huesos y desprovisto de capacidad mental para la taxidermia. Y al recadero en cuestión, aterrado con el señor Downing y su extraño taller atiborrado de bestias disecadas, le cuesta lo suyo sostener el enorme paquete envuelto en papel marrón que lleva en brazos como si fuera un cadáver.

—Firme el recibo, señor —dice, y Downing, ojeando el paquete que lleva la inscripción «*Karoo, Orycteropus afer:* "cerdo hormiguero"» de puño y letra de su buen amigo sir Richard Ostlet, líder de la zoología británica, lo firma.

Y cierra la puerta.

Downing mete el paquete en el taller, lo sostiene en alto bajo la luz como si fuera una ofrenda y por fin regresa a su trastienda para dejarlo con suavidad sobre la mesa de trabajo desocupada. Desenvuelve el paquete y despliega una máscara mortuoria. Aquí, dos orejas de conejo. Un hocico de goma. La boca baja tiene forma de galleta. Aquí, un pellejo grueso y ancho de color rosa amarillento con cuatro pezuñas-zarpas marrones y peludas. Aquí, un esqueleto desmontado de costillas y patas blanqueadas, dos gruesas escápulas, un cráneo largo y puntiagudo y, al fondo del todo, un montón de notas y bocetos en carboncillo de una criatura nunca vista por nadie de Warwickshire.

Nadie sabe que le chupas la polla a Greg Tampico. Y ciertamente nadie sabe que Greg Tampico te la chupa a ti, ni que de vez en cuando os quedáis en la cama el uno al lado del otro y os acariciáis (o no os acariciáis) las pollas.

Sabes que no eres gay, y que tampoco lo es Greg Tampico; simplemente sois dos tíos heteros a los que de vez en cuando les atraen otros tíos heteros a los que les gusta chupar o acariciar pollas, y nadie sabe tampoco que hace ocho meses que conociste a Greg Tampico en una cena benéfica para unos niños de Namibia víctimas de una horrible enfermedad desfiguradora de la que tuviste que olvidarte a toda prisa, ni tampoco que hace un año Greg Tampico se puso en contacto contigo para que fueras a apoyar su causa en la cena porque por entonces disfrutabas de un índice de popularidad del 64 % y tenías una prensa, en fin, *¡buenísima!*

Nadie vio cómo os contemplabais con admiración de lado a lado de aquel salón de baile, de lado a lado de las mesas engalanadas con porcelana fina inglesa, de lado a lado de las lámparas de araña resplandecientes y de las velas, mientras se servía picada de pollo tibia y una especie de langostinos, y nadie se podría haber dado cuenta tampoco de lo deprisa que viste que la joven preciosa que tenías sentada al lado era una cretina integral, ni de que moviste tu silla un palmo o dos hacia atrás para tener en tu campo visual durante toda la cena el esmoquin y el pelo rubio intenso de Greg Tampico, ni de que al acabar la cena Greg Tampico y tú terminasteis en un callejón de detrás de las cocinas (llovía), con las espaldas apoyadas en los ladrillos fríos, mientras él abría un Zippo, ni de que os acurrucasteis debajo del saliente del tejado y compartisteis un cigarrillo antes de hacer planes para ir a su casa de Alexandria —«Alexander en Alexandria», te dijo con una sonrisa—, ni de que fuiste en coche a su casa de King Street, aparcaste y llegaste a su dúplex, donde Greg Tampico estaba esperando para darte la bienvenida, con la pajarita aflojada, en el vestíbulo, antes de hacerte entrar, llevarte al piso de arriba, meterte en el dormitorio y, riendo como un niño en pleno juego, preguntarte: «¿Quién va a hacerte de abogado, hijo?», mientras te echaba mano a la hebilla del cinturón.

Usando el cuchillo de mondar oxidado del representante Olioke para serrar los costados de la caja de cartón, que, cuando queda aplanada, crea una cruz gigante sobre el suelo de tu sala de estar, te preguntas por qué *demonios* te iba a enviar Greg Tampico su tremendo cerdo hormiguero taxidermizado, la misma criatura disecada que suele estar encima de la cajonera francesa de imitación de estilo Luis XIV que tiene justo delante de su cama, mirándote mientras manipulas la polla de Greg Tampico o bien Greg Tampico manipula la tuya.

El cerdo hormiguero, que tú sepas, es la única criatura taxidermizada que posee Greg Tampico, aunque en su dúplex también tiene a la vista un surtido de máscaras africanas y unos colmillos de jabalí verrugoso.

Una colección de cráneos de impala.

Greg Tampico ha estado muchas veces en África meridional por su fundación, y no te preocupa el hecho de no poder acordarte de si *te ha contado* alguna vez a qué parte de Namibia suele ir. En realidad, cuando estás desnudo encima de la colcha de piel de cebra auténtica de su cama, su fundación no suele ser algo de lo que te acuerdes ni *remotamente*, y lo cierto es que tampoco es algo en lo que pienses ahora mientras ladeas al cerdo hormiguero y descubres el sobre que hay debajo.

Es un sobre en blanco de color vainilla, y cuando lo abres, dentro te encuentras un papel que dice con letras estampadas en dorado: DE LA OFICINA DE GREGORY TAMPICO, PRESIDENTE, FUNDACIÓN FELICIDAD, y *nada más*. Debajo del membrete, donde debería haber un mensaje personal, no hay ninguno.

Estás desconcertado. Todo el envío —el cerdo hormiguero y la nota en blanco— resulta desconcertante *como poco*, y coges el teléfono para llamar a Greg Tampico y te acuerdas de que nada funciona, pero de pronto ahora todo vuelve a funcionar. En los últimos cinco minutos has acumulado 147 mensajes de texto y 48 e-mails, pero eso es normal. Son todos de tus empleados. No hay ninguno de Tampico.

Buscas en tu móvil. Encuentras su nombre.

«¿Cerdo hormiguero?», tecleas, y se lo mandas.

Titus Downing, deliberadamente soltero, deliberadamente sin hijos, aficionado no sólo a la taxidermia, sino también a la sopa de rabo de buey exquisita y muy poco espesa, contempla la espalda jorobada y el cuello liso, las gruesas zarpas y esas orejas y ese hocico tan extrañamente alargados que parece que alguien los haya estirado, y se estremece.

Comparado con el tigre de Bengala, este tal «cerdo hormiguero» es una criatura verdaderamente vulgar, piensa; feo, incluso para los estándares de la naturaleza, como si un cerdo se hubiera follado a un burro, y enseguida le ha recordado a Downing una anécdota famosa entre taxidermistas, la del capitán John Hunter, que en 1798 mandó la primera piel y el boceto de un ornitorrinco a una serie de naturalistas de Inglaterra, que a su vez dieron por sentado que era una broma. Supusieron que alguien le había cosido un pico de pato a una piel de castor, y llegaron a escribir que «viendo a la criatura, es imposible no albergar dudas» y que «todos suponemos que debe de haberse practicado alguna clase de engaño», razón por la cual Downing, preguntándose ahora si su íntimo amigo Richard Ostlet quizá le habrá mandado una broma, examina el pellejo en busca de costuras artificiales y descubre que no hay ninguna.

Downing regresa a su mesa de trabajo. Cierra los ojos y trata de concentrarse otra vez en la vida del tigre de Bengala, pero es imposible, el momento del tigre ya ha pasado, seguramente tardará *días* en volver a encontrarlo, y su mente sigue regresando involuntariamente al cerdo hormiguero, hasta que por fin se rinde y se acerca a él, dándose cuenta con emoción creciente de que Ostlet no le ha mandado una broma, sino un *desafío*: ¿cómo recrear el *jiva* de un animal tan feo, de una criatura de la que ningún hombre civilizado sabe nada?

Ahora las notas y bocetos que le ha mandado Ostlet le parecen a Downing casi deliberadamente parcos:

> Nocturno. Duerme en túneles. Depredador entomológico social. Tiene dientes en las mejillas. Hunde el hocico en el suelo para oler profundamente. Escarba con las patas delanteras. Expulsa la tierra con las traseras. Su ladrido es agudo, como el de un perro ansioso.

Sale de escena el tigre y entra el cerdo hormiguero. Downing le pasa los dedos huesudos por el pelaje. La piel es de un rosa que se vuelve amarillento, el pelo es una mezcla inexplicable de alambre y seda, marrón en las patas, que son plantígradas —las de delante— y digitígradas —las de detrás—, y los cazadores de Ostlet siempre llevan a cabo un trabajo *excelente*, piensa mientras toca las garras traseras de la bestia, que ocupan la mitad de las patas. A continuación palpa las gruesas pezuñas, cada uno de cuyos dígitos es ancho como una cuchara; y menuda fuerza tiene la *cola*, piensa Downing, cómo fluye *desde el trasero*, que es redondo como la parte de atrás de una tortuga, y cierra los ojos para imaginarse al cerdo hormiguero usando el músculo de la cola para darse equilibrio en sus túneles, para evitar que su cuerpo ancho choque con las paredes estrechas, y ahora Downing se imagina claramente al cerdo hormiguero dando pesados pasos con sus patas enormes entre los montículos de los hormigueros de termitas —que parecen castillos de arena construidos por niños ambiciosos e imbéciles—, y a continuación ve los hombros voluminosos centelleando bajo la piel, el gordo balanceo de la panza, y por fin Downing entiende el peso y la *pesanteur* de la criatura, su ánimo errático, y cuando la bestia corre, lo hace sorprendentemente de puntillas, de manera que casi va *pavoneándose*, irguiendo la cabeza cónica con esas orejas de burro que se empinan de golpe cuando captan el más pequeño susurro de actividad insectil subterránea, y Downing casi puede sentir el crujido suave de la tierra suelta cuando la bestia hunde las cucharas en ella para empezar a cavar, y la tierra huele a azúcar, y Downing ya casi nota el sabor del néctar de las termitas en su lengua pegajosa, cuando finalmente llegan la mañana y el ladrido, el suave chillido porcino: «¡No me despiertes de día!».

Llega la fatiga, los huesos doloridos después de una noche entera de pasear sobre esas ancas grotescas, y cuando la bestia se duerme, encoge el cuerpo gordezuelo en posición fetal, y Downing siente el ligero ronroneo de los labios babosos de la bestia dormida, los orificios nasales abriéndose y cerrándose, y presencia el deslizarse serpentino de la lengua al entrar y salir de la boca diminuta mientras la criatura sueña con su propia hambre, y es ahora cuando Downing puede ver los sueños del feo, vulgar y agotado cerdo hormiguero y empieza a entender que, a pesar de su morfología atroz, *es posible la belleza.*

Greg Tampico no te devuelve el mensaje de texto. Greg Tampico siempre devuelve los mensajes de texto. Y te sube un escalofrío por el cuello mientras el cerdo hormiguero disecado, ahora plantado bajo una lámpara de pie, te mira caminar por tu sala de estar. Tal como está montado, con la zarpa delantera derecha un poco levantada, la cabeza de largo hocico ligeramente ladeada y las orejas alerta y arqueadas, el cerdo hormiguero parece caminar hacia algún sitio importante, como si lo hubieras interrumpido en mitad de *su trabajo*, y lo que menos te apetece ahora mismo es sentir que estás, en fin, *molestando a alguien en tu propia casa*, pero la expresión de la criatura, aunque nunca pensaste mucho en ella cuando estabas en el dúplex de Greg Tampico, aquí, en tu sala de estar, con el mobiliario meticulosamente seleccionado para que parezca una casa unifamiliar que le habría gustado a Ronald Reagan, ahora se ve, seamos sinceros, *increíblemente extraña*, y sabes que en cuanto se reanuden las sesiones del Congreso y los representantes Rutledge y Olioke vuelvan a la casa, vas a tener que aguantar que te hagan preguntas sobre el cerdo hormiguero, y francamente...

No tienes ni idea de qué demonios les vas a decir.

Vas al piso de arriba. Quieres ducharte. Tu ducha es una Kohler WaterTile vibrante de bronce bruñido con Lluvia Superior y Lluvia Ambiental que te costó 4.125 dólares, o sea, que te gusta ducharte.

El agua está fría. Es agradable. Fuera hace mucho calor.

Debe de ser el calor lo que te está agobiando tanto, piensas, y como Greg Tampico no te está devolviendo los mensajes, decides, mientras te secas con tu toalla de cuerpo entero con tejido de rizo Hermès Sarcoline de 339 dólares, que la solución más fácil es llevarte el cerdo hormiguero hasta Alexandria con el coche y simplemente devolvérselo.

Dios *bendito*, piensas, menudo *coñazo*, mientras te vistes de la cabeza a los pies con ropa informal de verano de J. Crew.

Cuando vuelves a la sala de estar, el cerdo hormiguero te mira como si fueras un tipo ridículo.

—Oh, no, *ni hablar* —dices.

Le acabas de hablar en voz alta a un cerdo hormiguero disecado. Te sientes un tipo ridículo.

Entras en la cocina y te comes unas cuantas uvas.

Mientras estás en la cocina, revestida de azulejos horizontales blancos del suelo al techo y equipada con utensilios de Williams-Sonoma por valor de 6.000 dólares que no usas nunca, tienes una epifanía y abres un armario. Extraes un saco de harina. Es un saco de harina blanco y limpio con el borde desgastado para que parezca de época; tu decoradora compró un montón de puñeteros sacos de harina vacíos, no tienes ni idea de por qué, pero están todos doblados como si fueran camisetas nuevas en un armario de tu cocina, de manera que ahora coges uno y vuelves a la sala de estar.

Aunque te sientes idiota haciéndolo, le tapas la cara al cerdo hormiguero con un trapo de cocina de diseño que parece un saco de harina.

Luego, usando la espalda y las rodillas tal y como te enseñó tu antiguo profesor de gimnasia, levantas en volandas al cabrón y te lo llevas escaleras abajo hasta el pequeño y oscuro garaje del 2486 de Asher Place, donde te espera tu coche, un Chevy Tahoe negro.

Hace apenas unas semanas que alquilaste el Tahoe por 600 dólares mensuales, y cómo te alegra que ya esté demostrando serte útil mientras abres las puertas traseras y abates los asientos de atrás. Contra todo pronóstico, el cerdo hormiguero cabe dentro. Es como si los ingenieros lo hubieran planeado: ¡EL ESPACIOSO Y LUJOSO MALETERO TIENE SITIO PARA UN CERDO HORMIGUERO AFRICANO!

Cierras de un portazo, te sientas al volante, pones el aire acondicionado y Soulja Boy a todo trapo. Pulsas el botón de la puerta del garaje y el motor ronronea mientras se eleva la puerta.

La luz del día inunda el garaje.

Sales a la calle mirando el teléfono. Aunque sólo son las 8.52 de la mañana, ya tienes 233 mensajes de texto y 97 e-mails, pero siguen siendo las cifras estándar. Localizas la dirección de Greg Tampico en King Street, Alexandria; aprietas enérgicamente el botón del GPS y tienes ocasión de relajarte por primera vez en lo que va de día mientras el Tahoe, una inversión completamente rentable, hace el resto.

Cualquier trabajo de taxidermia ha de empezar por el soporte, y, para el cerdo hormiguero, Titus Downing ha elegido una gruesa plancha de madera de árbol del plomo, un bloque pesado de madera de color pasa que ha encargado especialmente de Namibia; ha tardado semanas en llegar, pero ya lo tiene. El taxidermista dedica días enteros a serrar y lijar el soporte, que a continuación barniza añadiéndole varias capas de goma laca para aumentar el brillo, y cuando por fin lo tiene seco, elige dos varas de hierro: una recta, que ha de subir verticalmente por el centro, y otra en forma de curva convexa para atornillarla encima de la primera y que sirva de soporte al espinazo del cerdo hormiguero, desde el cuello hasta la cola.

Juntas, las dos varas parecen una letra T reblandecida, y en cuanto se encuentran afianzadas, el soporte ya está listo para lo que se llama «el maniquí».

Downing construye un maniquí especial para cada piel que llega a su taller, y su fabricación a base de alambre y arcilla con agua es un proceso engorroso que exige de su artífice mucha paciencia y meticulosidad. Downing mide la piel con paciencia paternal para decidir cuánta arcilla va a necesitar y así descubre que el cerdo hormiguero, al menos este espécimen en concreto, desde la cola hasta el hocico, y pasando por la joroba, mide la asombrosa cifra de dos metros y medio, y que el contorno de la cintura —la circunferencia entera del vientre y la espalda— mide la asombrosa cifra de metro y medio, y Downing se pregunta si aquel cerdo hormiguero no estaría quizá un *pelín* gordo, lo cual querría decir que fue un buen cazador. Lo cual significaría que una parte de su *jiva* debía de constituirla su capacidad de *alerta*, su *buen oído*, y mientras le acaricia las orejas de pelaje sedoso al cerdo hormiguero, examina los bosquejos que le suministró Ostlet para decidir si debe colocarlas enhiestas o colgando.

El asistente de Ostlet las ha dibujado colgando.

Downing sabe muy bien que no se puede fiar únicamente de los dibujos, ya que a menudo a las bestias para disecar las dibujan ya muertas, y basándose en lo que sabe de las orejas de los mamíferos comunes, deduce siguiendo a Darwin que las orejas largas deben servir para algún propósito, deben erguirse para oír mejor, y así pues, tras construir el maniquí sobre el que colgará la piel del cerdo hormiguero, rellenada con la lana más fina de la granja de su padre en Northumberland, Downing coloca dos varas verticales de alambre saliendo de la base del cuello, y lo da por listo.

El taxidermista levanta con cuidado el espinazo del cerdo hormiguero y lo despliega sobre la vara curvada del soporte. Se maravilla de cómo los omoplatos de las patas delanteras forman *literalmente* dos palas, que se retiran con brusquedad hacia atrás y bajan hasta los codos, metiéndose asombrosamente por debajo de la caja torácica antes de ir directos a los peronés, los metatarsos y las falanges.

Le levanta las patas traseras —que son voluminosas, prodigiosas— y, al hacerlo, el espinazo y las patas delanteras quedan posicionados directamente sobre el soporte y las traseras, dispuestas en forma de una espléndida y ancha Z. Qué bajo está el coxis, observa Downing mientras se moja las manos en un cubo de agua. Qué parecido a un remo, ¡*casi toca* los formidables talones traseros!

Aunque hay taxidermistas que sólo usan los huesos de las patas y el cráneo, montando de cualquier manera el cuerpo y el cuello a base de trapos y redecillas, arpillera o sisal, que luego se empapan de escayola, Downing usa todo lo que le ha mandado Ostlet, hasta el último trocito de vértebra, dado que así hay menos posibilidades de error, y a estas alturas, después de veinticinco largos años de práctica, ya se siente perfectamente cómodo sujetando los huesos con arcilla mojada, y en realidad la arcilla mojada viene a ser lo que más le gusta.

Titus Downing se queda mirando el esqueleto completo del cerdo hormiguero. Se relame, hunde las manos mojadas en los densos bloques de arcilla y empieza a darle forma.

Suena *Crank That* a todo volumen mientras ojeas tus 389 mensajes de texto y 221 e-mails sin leer y pones rumbo a Alexandria por la autopista Memorial George Washington, y te gusta coger la autopista porque atraviesa el National —el Reagan National—, que es tu aeropuerto favorito del mundo, con las vistas más acojonantes del Potomac y de los monumentos a Washington, Jefferson y Lincoln, y es tu ruta favorita porque, cuando la coges, disfrutas imaginándote que un día habrá allí un monumento a Alexander Paine Wilson (R).

El segundo nombre de Ronald Reagan era Wilson. No estás emparentado con él. Ni tampoco con Woodrow Wilson, presidente demócrata cuyas políticas económicas te dan asco, pero cuyas políticas internacionales admiras (el wilsonismo neoimperialista, carajo, *eso* sí que lo apoyarías). Sin embargo, resulta que sí estás emparentado, de forma complicada, con Thomas Paine, padre fundador y autor de la famosa doctrina revolucionaria de 1776 *Sentido común*, y ha sido el espíritu de Thomas Paine quien ha guiado tu trabajo en la misiva para tu campaña de reelección.

El documento, titulado con el juego de palabras *Verdades como paines: misiva a los ciudadanos razonables de Norteamérica*, combina el título original de *Sentido común* y tu segundo nombre, y aunque ninguno de tus subordinados apoya al cien por cien *Verdades como paines*, sabes que a la Fox le va a pirrar. Igual que tu pariente Thomas Paine defendía acérrimamente la separación de las colonias y Gran Bretaña cuando escribió: «Gime la voz llorosa de la naturaleza: ES HORA DE SEPARARSE», tú defiendes acérrimamente la separación de Estados Unidos entre demócratas y republicanos. «Es la hora de las dos Norteaméricas —has escrito en *Verdades como paines*—. ES HORA DE SEPARARSE.» ¿Y acaso éste, le explicas a tu personal, no debería ser vuestro grito de guerra? ¿Acaso no os lo *imagináis* en pegatinas para el coche?

DIVIDIR PARA UNIR
ALEXANDER PAINE WILSON, 2020

Cuando Greg Tampico leyó *Verdades como paines*, se emocionó a saco. Ya sabía que eras federalista, te dijo, y ciertamente era una idea radical, pero quizá también fuera una genialidad, y te preguntó si tenías algún mapa en mente. ¿Cuáles serían las nuevas fronteras?

Y con la cabeza hundida en su almohada, murmuraste: «Detalles, detalles».

No importaba. *Verdades como paines*, te dijo Greg Tampico, dándote besitos infantiles en los hoyuelos de la espalda, iba a *cambiar el mundo*, y mientras dejas atrás a toda pastilla el aeropuerto al volante del Tahoe con tu ropa de J. Crew, piensas, *colega*, qué *crédulo* es Tampico; cualquier memo se daría cuenta de que sólo te gusta *Verdades como paines* porque su posición ya ha sido puñeteramente *probada sobre el terreno*, los estados republicanos ya están listos para separarse, es algo que te va a *garantizar* un puñetero electorado, y ningún político que valga, no sé, un duro, apoyará nada sin la garantía de su electorado, y mientras piensas esto te ves con el rabillo del ojo en el retrovisor, y menuda *pintaza tan molona* tienes con tus Ray-Ban auténticas de los ochenta, las mismas que has tenido desde que ibas a la Universidad de Virginia a principios de los 2000.

Te pones a hablar en voz alta. Empiezas a decir «Aeropuerto Alexander Paine Wilson National» y «Wilson National», y a alternar entre echar vistazos a las Ray-Ban y ojear tu correo electrónico, cuando la línea del asunto de un e-mail te llama por completo y enteramente la atención.

«Muere Tampico.»

Mientras que para la jirafa, Downing dividió el molde de arcilla mojada en secciones separadas, construyendo el maniquí pieza a pieza en su taller, para el cerdo hormiguero el taxidermista crea un solo molde continuo, empujando con las manos hacia el pecho mientras lo moldea, y los flacos dedos del hombre son sorprendentemente fuertes, y se mueven con pericia sobre los remos, sobre la caja torácica perfectamente ovalada, sin seguir otro plan que el mapa de su propio instinto, hasta llegar al remo trasero, momento en el cual el taxidermista da un paso atrás, estudia lo que ha hecho y se prepara para el que siempre es el trabajo más duro: la máscara mortuoria.

El *jiva*, Downing lo sabe, la esencia inmortal de la vida, perdura en la cara. Y, dentro de ella, vive en los ojos. Tiene que ser perfecta. Si los ojos no quedan perfectos, el animal parecerá, en el mejor de los casos, un chiste, y, en el peor, una pesadilla, de manera que, para los ojos del cerdo hormiguero, Titus Downing se pasa horas eligiendo de entre un surtido enorme de cuentas. Pero las cuentas, pintadas y de madera, demasiado grandes o pequeñas, no encajan con el cerdo hormiguero.

Por alguna razón, la criatura muerta parece todavía más muerta.

El hocico, observa Downing molesto, tampoco está quedando bien: aunque maleable, queda recto *hacia delante*, y es entonces cuando se da cuenta de que la cabeza entera está mal. Demasiado alta. Ha estado construyendo toda la mitad delantera del cerdo hormiguero *demasiado alta*, y la joroba del lomo de la espalda le dice que no caminaría con la cabeza tan levantada, de manera que Downing tiene que empezar de nuevo. Destruirlo todo.

No es la primera vez que le pasa. Ni será la última.

Aunque crea un mejunje mojado y tremendo, empleando la paciencia necesaria Downing consigue limpiar el esqueleto de arcilla. Recoloca todas las redecillas y los alambres. Extrae la vara larga y curvada, el sombrero de la T, y la reemplaza por otra más corta para bajar las articulaciones del cuello. Vuelve a colocar los alambres y se vuelve a mojar las manos, las hunde en la arcilla y, cuando el maniquí ya está plenamente reconstruido, ladea los alambres que asientan las orejas, y cuando ahora cuelga la carcasa... *ahí* aparece el animal, alerta y atento, echándole a Downing un *pequeño vistazo de reojo* como si el taxidermista estuviera interrumpiendo su trabajo nocturno, y de pronto el cerdo hormiguero ya no parece especial ni extraño, sino cotidiano.

Levanta la pezuña delantera derecha, extendiendo una zarpa negra con despreocupación. Está caminando.

Por un momento, Downing se siente satisfecho, con todo salvo con los ojos. Las cuentas siguen *sin* quedar bien, y a lo largo de los días siguientes, Downing prueba todas las clases y tamaños de cuentas que tiene, pero nada sirve, y cuanto más tiempo dedica a observar la expresión del cerdo hormiguero, más intranquilo se queda. Sus intentos de visualizar correctamente la expresión del cerdo hormiguero, con sus largas pestañas y las gruesas cerdas que le salen, ridículas, de debajo de los párpados como bigotes mal ubicados, ahora no le dejan dormir por las noches, y como Downing trabaja a solas y ni está casado ni tiene hijos, no hay nadie que le preste atención ni cuide de él, y la situación sigue así hasta que un día a primera hora de la tarde se sorprende a sí mismo desmayándose sobre su mesa de trabajo. A punto está de perder el conocimiento. Necesita parar, necesita comer algo.

Y lo que coma tiene que ser nutritivo.

Con un tintineo feliz de las campanillas, Titus Downing sale de su taller de taxidermia a la calle, pasando por debajo de las doce cabezas de ciervo. Hace un día típicamente británico caluroso y de cielo azul, todo fragor y verano, pero Downing, que lleva el mismo traje negro de lana todos los meses del año, apenas se fija, porque para un artista no existen las estaciones. Aunque oye los cascos de los caballos que bajan por Victoria Terrace, sacudiendo las testas relucientes y haciendo sonar los cascabeles del cuello, y aunque ve a parejas bien vestidas entrar en Jephson Gardens y salir de allí y pasear por la orilla del río Leam para hacer ejercicio, para respirar aire fresco, el taxidermista no respira hondo ni una sola vez de forma consciente. Está seguro de que dar una bocanada profunda de lo que sea lo matará al instante, y procede a pasar rápidamente de largo de los baños de los Royal Pump Rooms, con sus aguas supuestamente curativas, que hace unas décadas dieron fama a Leamington Spa (pero que los vecinos descubrieron que en realidad estaban bastante contaminadas), y por fin cruza los caminos de grava de los nuevos Pump Room Gardens, baja a hurtadillas por Bedford Street, dobla la esquina para coger la antaño bulliciosa pero ahora casi vacía Regent Street y por fin llega a la carnicería, donde se compra un solitario rabo de buey para hacerse sopa de rabo de buey.

El intercambio se realiza en silencio.

El carnicero no dice nada cuando entra Downing.

Los demás clientes de la tienda también guardan silencio cuando ven entrar la cara pálida y reluciente del taxidermista y contemplan callados cómo recoge su paquetito como si fuera la primera vez que ven al hombre (hay que admitir que quizá sea el caso de muchos de ellos), y nada de esto molesta lo más mínimo a Titus Downing. Nunca le ha gustado intercambiar cortesías en torno a las transacciones de bienes y servicios; el taxidermista, a lo largo de los años, ha descubierto que le interesa más bien poco la gente en general, pero se queda sorprendido, y un poco conmovido, cuando regresa a casa y abre el paquete en su pequeña cocina y descubre que el carnicero —quizá fijándose en lo flaco y pálido que estaba Downing, incluso en la canícula del último hervor del verano— le ha regalado no sólo el rabo, sino también un ojo enorme del buey.

Se trata de un ojo vidrioso, magnífico, provisto de un iris multicolor que resplandece *literalmente*, y es entonces cuando Downing, al borde del delirio como resultado del hambre y del agotamiento, se da cuenta de que todo lo que han estado haciendo los taxidermistas durante el último siglo... ¡estaba mal! Darwin, Edmonstone y todos los demás se han pasado años y años usando cuentas pintadas para representar los ojos de cualquier bestia cazada fuera de la región, ya que los ojos se pudren durante el transporte. Pero ¿cómo se puede captar correctamente el *jiva* usando *cuentas*?

Al fin y al cabo, piensa Downing, la madera está *muerta*, y es demasiado homogénea, y la pintura deja mucho que desear, y lo que él necesita es recrear los matices de color de los ojos del cerdo hormiguero, el iris y la esclerótica, y eso lo puede hacer con *cristal*.

Downing conoce a un artesano del vidrio en Leamington Spa, pero sólo elabora cuencos para fruta. Vasos y copas de cristal. El único hombre del mundo a quien Downing conoce que puede fabricarle un juego de ojos de cristal es Harold Skinner, su excompañero de piso de Oxford, respetado especialista en prótesis de Londres que solía hacer ojos para muñecas y ahora confecciona ojos humanos, réplicas para soldados y gente ciega, y por tanto, decide Downing, eso implica un viaje a Londres.

Últimamente Londres le ha estado rondando la mente a Downing, aunque sólo de esa forma en que la promesa de excitación persigue a un artista que se encuentra sepultado en pleno tedio de la creación. La idea de Londres le surgió a principios de semana, cuando recibió una tarjeta por correo, una invitación de lady Rebecca Ostlet —la nueva esposa de Richard Ostlet, la joven botánica— para que la visitara, una invitación que antes Downing planeaba deliberadamente pasar por alto, pero que ahora planea deliberadamente aceptar, puesto que ha de significar que Richard ha vuelto de África, y Downing, armado ahora con una buena razón, puede imaginárselos de pronto a los dos juntos viajando al taller de Harold Skinner para encargar los ojos de cristal y después yendo a beber unas pintas a un pub que le gusta a Ostlet, el Ye Olde Mitre, de Farringdon, donde Ostlet (gordezuelo y risueño) y Downing (flaco y arisco) se pasarán horas sentados codo con codo a una mesilla de un rincón, con los pies plantados en la moqueta roja y las espaldas acomodadas sobre la madera oscura (es verano; no habrá fuego en la chimenea), hablando del cerdo hormiguero hasta acabar sudorosos y ruborizados, relajados por la bebida, y ahora Downing puede *imaginarse* a la perfección cómo seguirá la cosa después.

Mientras se sienta para escribir a Rebecca Ostlet, a Downing no le preocupa que su amigo Richard esté casado, ni tampoco que no lo invitara a la boda, ni siquiera le preocupa particularmente que la invitación haya venido de la esposa y no de Richard en persona. Rebecca Ostlet quiere verlo por un «asunto bastante urgente», según le ha escrito, pidiéndole una pronta «respuesta postal» y preguntándole si aceptaría una invitación para alojarse con ella en la residencia de los Ostlet, ahora convenientemente situada en Gloucester Walk,

Kensington, a una hora escasa del Museo Británico, que se da el caso de que tiene expuestas las ruinas desenterradas del templo de Artemisa en Éfeso, una exposición que ella cree que quizá a él le gustaría visitar.

Así pues, como Downing cree haber llegado a un punto en que puede separarse de su trabajo sin peligro de perder su noción del *jiva* del cerdo hormiguero, y dado que necesita ponerse en contacto urgentemente con Skinner, y dado su anhelo por ver a Richard, su amigo más íntimo, acepta la invitación y le comunica a lady Ostlet que llegará a su domicilio dentro de dos días; concretamente, el viernes a mediodía.

El e-mail viene de un empleado. Llegó a tu bandeja de entrada anoche a las 2.08 de la madrugada, cuando estabas durmiendo, y te estaba esperando al final de todos tus mensajes sin leer, razón por la cual no lo has visto hasta ahora. Lo abres y lees la breve nota informativa, que te informa de que el señor Greg Tampico, presidente de la Fundación Felicidad, una organización que ofrece asistencia médica a niños de Namibia, se suicidó hace dos días en su apartamento de Alexandria.

El funeral, dice el mensaje, es mañana a las dos en punto, en la funeraria Murphy & Milliken, sita en Prince Street.

La noticia te deja conmocionado. Pero hay una

parte de ti que también siente alivio. En plan: *claro que es terrible* que alguien se suicide, o sea, *no eres ningún monstruo*, pero ahora hay cero posibilidades de que alguien se entere de lo tuyo con Greg Tampico, y reconozcámoslo: te habías metido en un asunto bastante sórdido, y la cosa podría haber empeorado mucho, pero *muchísimo*. De manera que sí, sientes conmoción y alivio, pero también un poco de culpa. Porque ahora te acuerdas de que hace sólo un par de semanas que Greg Tampico te preguntó si podía venir a trabajar para ti, porque no soportaba el hecho de verte sólo una vez al mes, *y eso con suerte*, ¿y acaso no os divertiríais viajando los dos juntos por el país?, te preguntó, y ya os había organizado un viaje para volar en parapente frente a la costa de Oregón porque sabía cuánto te gustaba el parapente.

Te podía ayudar, te dijo, ya sabes, a *relajarte en la carretera*, e incluso podíais iros de excursión y de acampada y otras actividades al aire libre, y te contó una idea que se le había ocurrido para promocionar *Verdades como paines* y que consistía en dividir y privatizar los parques nacionales. Podías ser un moderno Roosevelt al revés, te explicó, provisto de una cabaña en, no sé, *Montana o algo así*, y hasta podías aprender a cazar mientras liderabas a tu mitad de Norteamérica —la mitad buena— por la capitalización de sus recursos naturales («El Gran Cañón, patrocinado por Tampax», te dijo entre risas), y se te vería *formidable* en las fotos publicitarias, yendo de excursión por alguna de las sierras de poca altura con tu ropa de North Face, Patagonia...

—Vale, *Brokeback* —le interrumpiste.

—No te estoy hablando de *eso* —dijo.

—¿Y qué pasa con la fundación? —preguntaste.

—¿Qué pasa? —replicó.

—¿No estás comprometido con ella? —dijiste.

Greg Tampico contó que se acababa de despedir de la fundación. Que había desempeñado aquel trabajo durante doce años. Creía haber hecho algo bueno. Había ayudado a muchísimos niños de Namibia, dijo, y le parecía que había llegado el momento de dejarlo. Además, últimamente se notaba triste, confesaba, y sabía que podía serte de gran utilidad dentro de tu plantilla —o quizá incluso convirtiéndose en tu director de comunicación o algo parecido—, pero mientras Tampico se sinceraba contigo, tú estabas pensando: «Esto lo cambia todo, claro».

Tuviste que disculparte. Le dijiste a Greg Tampico que te había surgido algo y te levantaste de su cama. Empezaste a vestirte, delante del cerdo hormiguero. Le dijiste que tenías que marcharte y él se quedó bastante alicaído.

Te preguntó cuándo te iba a volver a ver.

Te encogiste de hombros. Le dijiste que no lo sabías, pero que quizá tardarais una temporada en veros porque ibas a empezar a compaginar tu trabajo normal en el gobierno con tu campaña de reelección, y fue entonces cuando Greg Tampico se echó a *llorar*, joder, y de pronto el dúplex de Alexandria, con sus extrañas máscaras y grabados africanos y el gigantesco cerdo hormiguero disecado que siempre te estaba mirando con una expresión extrañísima...

... te puso los pelos de punta.

Ya lo llamarías, le dijiste, quizá la semana siguiente, y evitaste mirarlo a la cara mientras salías por la puerta porque te faltó tiempo para huir de allí.

De manera que no podías saber que Greg Tampico se había desplomado en su cama. Ni lo fuerte que había llorado cuando te había oído bajar a la carrera los tres tramos de escalera hasta la calle, sabiendo, en aquel momento, que no volvería a verte nunca, y por eso, mientras asimilas la noticia, te sientes *mal*, pero sobre todo te sientes aliviado, aligerado, para ser sinceros, y ahora incluso respiras mejor, como si la noticia te hubiera movido los pulmones por el pecho.

Le indicas la ruta al Tahoe y giras en redondo para volverte a casa. Porque la verdad es que casi nunca piensas en Greg Tampico cuando estás fuera de su apartamento, y ahora te estás sintiendo, en fin, *increíblemente* aliviado por no haberlo llevado nunca al 2486 de Asher Place. Esto significa que Greg Tampico nunca llegó a ver tu sofá victoriano de terciopelo amarillo canario, idéntico al que tenía Reagan en *Imágenes de la grandeza*, ni tu colección cada vez mayor de ropa idéntica a la que llevaba Reagan. Ni tampoco los gemelos originales con la bandera norteamericana de Reagan, que te compraste en una subasta por la friolera de 5.900 dólares y que sólo te pones para los debates.

Nunca llegó a saber que una vez pujaste en una subasta para comprar una ampolla de sangre de Reagan recogida el día en que le disparó Hinckley, ni que habías estado dispuesto a pagar de forma anónima varias decenas de miles de dólares antes de que la noticia se filtrara a los medios y la subasta se tuviera que cancelar por «mal gusto». Y te aseguras a ti mismo que, en general, no te puedes sentir demasiado mal por el suicidio de Greg Tampico, porque *en realidad* nunca te llegó a conocer, nunca conoció todo el alcance de tu ambición, todo lo que sabes que tendrás que llegar a hacer para que te reelijan, para empezar a ponerte serio, y por eso, al oír la noticia de la muerte de Greg Tampico, decides que tus empleados tienen razón. Es hora de ponerse serios.

Es hora de que el congresista Alexander Paine Wilson Se Busque Una Mujer.

He aquí Kensington, la mitad del Real Distrito de West London, compartido con Chelsea. He aquí una excelente calle como es Gloucester Walk, encajada entre dos verdes parques, el Holland y el

Hyde. He aquí el modesto piso de dos habitaciones de Rebecca Ostlet, que a ella le resulta conveniente porque por las tardes sale a pasear por dichos parques en compañía de sus tres setters irlandesas rojizas bautizadas en honor a las hermanas Brontë: Anne, Charlotte y Emily.

—¡Adelante, por favor! —le ruega Rebecca, y Titus Downing, vestido de la cabeza a los pies con su traje de lana negra pese a que hace un día brutalmente caluroso de agosto, entra en la vivienda de Rebecca exactamente como si fuera un trasgo en un jardín.

El piso, amueblado con un ejército de sillas tapizadas en rosa, de sofás y sillones tapizados en rosa, de recargados marcos dorados y vasijas de Oriente, está empapelado del suelo al techo con un distinguido papel de rosas rosadas, y también las cortinas son de color rosado, y los suelos han sido bruñidos recientemente con aceite de pétalo de rosa, y en sus ventanas asoman la cabeza todas las variedades imaginables de rosas, y hasta los perros, recién bañados y con el pelo recién cortado, huelen un poco a rosas.

Cuando lady Ostlet le pide a Downing que se ponga cómodo y que tome asiento, el hombre, acostumbrado al aroma terroso de los pellejos de animales, de los cloroformos, los formaldehídos, los óxidos y hasta algún que otro producto del tabaco, examina la vivienda y se queda intensamente perplejo: hay demasiados lugares donde sentarse, para empezar; y, para continuar, todos los lugares donde sentarse están justo al lado de algún fecundo lecho de flores; y, para seguir todavía más, Downing también sabe que, en cuanto se acomode, las Brontë se le echarán encima al instante.

Debe de estar tardando demasiado en decidirse, porque Rebecca lo coge del brazo y le dice:

—Por favor, déjeme que le enseñe primero su habitación. —Y lo lleva hasta el dormitorio donde se alojará durante dos días que se le van a hacer absolutamente *interminables*, y se está planteando escaquearse de la visita entera cuando Rebecca le abre la puerta y se encuentra con que las paredes de la habitación para invitados del piso de los Ostlet en la ciudad son de color verde oscuro y *sans fleurs*.

Hay un escritorio de madera del siglo XVII con su papel y su tintero de rigor. Una cama individual provista de pomos metálicos con forma de cabezas de faisán. Encima de la cama, nada más que una colcha ligera de color blanco, doblada.

Hay un cenicero posado pensativamente sobre una mesilla contigua a la ventana, junto a una selección de libros de cuyos títulos Downing, que sigue teniendo en la cabeza al cerdo hormiguero, no puede deducir ningún significado oculto: *Marido y mujer*, de Wilkie Collins, la última novela de Trollope, *Phineas Redux*, y un ejemplar descolorido de *Persuasión*, de Jane Austen. Sólo se fija en la ausencia de Dickens, que es su favorito.

—Es perfecto, gracias —dice Downing.

—*Maravilloso* —contesta Rebecca Ostlet; da una palmada y lleva a Downing de vuelta a la sala de estar, donde ha aparecido por arte de magia un juego de té con *scones*, higos y nata.

Después de comer y beber, Downing se relaja un poco, aunque siempre está incómodo en compañía femenina. Desearía que ya fuera mañana, porque tiene una cita programada con Skinner y sabe que el cerdo hormiguero, una vez terminado, va a causar todavía más entusiasmo que la jirafa; así pues, mientras charla escuetamente con lady Ostlet, Downing se pierde en una fantasía de multitudes que entran en manada a verlo.

Ha oído decir que hay mujeres que se desmayan cuando ven animales extraños, y Downing se permite imaginarse que quizá será la historia de los desmayos femeninos la que conseguirá que el cerdo hormiguero termine siendo extremadamente valioso y propiciará que se lo compre el Museo de Arte de Leicester a un precio muy alto, y que esto, combinado con el éxito de la jirafa, le permitirá liquidar lo que todavía debe de su local y podrá retirarse, o incluso, si se permite a sí mismo soñar con esa intensidad con la que casi nunca se permite hacerlo, viajar un poco; y sucede así que Downing únicamente *finge* interés por Rebecca Ostlet mientras ella charla con él sobre su vida en Leamington Spa, pero es obvio que no le interesa en absoluto, y luego, cuando pasan unos minutos, se da cuenta de que la mujer, una morena con vestido de tela crepé negra y sencilla, el cuello y los puños bordeados con ribetes negros, bien conservada a sus veintiocho años, guapa/insulsa a la manera de la época (aunque quizá con el pecho un poco *demasiado* estrecho), está nerviosa. Las manos le tiemblan precariamente cuando se bebe el té. Su mirada de ojos pequeños se pasea por la sala como si tuviera voluntad propia.

Downing repara en que lady Ostlet no deja de mirar por la ventana, y no tarda mucho en hacerse evidente que la mujer está ansiosa por llegar al asunto que se trae entre manos, y el asunto que se trae entre manos, por supuesto, no es otro que la ausencia de su marido, sir Richard.

Downing se muestra educado. Espera una pausa en la conversación para carraspear. Lo pregunta con delicadeza, con cuidado, aunque no con demasiado cuidado para que no parezca que está indagando.

—¿Dónde está su marido?

Rebecca Ostlet baja la cabeza y mira a través de los manojos de rosas que se mecen pulcramente en los jarrones orientales colocados en los ventanales del salón. Observa melancólicamente la tapia de ladrillo de Gloucester Walk, y ahora Downing se preocupa: aunque él lleva su habitual y lúgubre traje negro, con la levita corta que hace tiempo que es su predilecta, también lleva puesta la pechera limpia de una camisa de hilo blanco, un chaleco de brocado marrón con texturas y pañuelo Windsor a juego, y al llegar al piso se ha quitado su sombrero Gambler redondo con cinta gris y los guantes de piel de castor. En cambio, Rebecca Ostlet no lleva nada que no sea negro, y las mujeres sólo van de negro riguroso cuando están de luto, y eso significa que algo le debe de haber *pasado* a su querido amigo, deduce con frialdad, y eso mismo, lo que le haya pasado, es la razón de que lady Ostlet lo haya invitado a Londres, para contarle alguna *mala noticia*, y de ser cierto, Downing preferiría que ella se hubiera limitado a *escribirle una carta, por el amor de Dios*; a fin de cuentas, qué sentido tiene recibir una mala noticia en persona cuando a la gente le gusta experimentar el dolor de la muerte en privado, y además apenas *conoce* a esta mujer, y si la noticia es tan mala como él se imagina, va a ser *un horror* para él porque Rebecca Ostlet no tiene ni idea de cómo de íntimos eran Richard y él; ni de cómo se conocieron en un armario de la limpieza de la Exposición Universal de hacía casi un cuarto de siglo, cuando Downing tenía dieciséis años y Ostlet veinticinco, ni de cómo trabaron amistad con rapidez gracias a su interés común en las ciencias naturales —Ostlet, académico especialista en conductas mamíferas, y Downing, artista incipiente en el campo del estudio y la preservación de las especies—; e incluso hay una pequeña parte de Downing que se había imaginado que, cuando le llegara el momento de jubilarse, se mudaría cerca de Ostlet.

Pero luego sir Richard Ostlet se casó con Rebecca Green, una mujer a la que doblaba en edad. Y se estaba planteando tener hijos. Y mientras que Downing esperaba con ansia que le llegaran años de tranquilidad todavía mayor, Ostlet esperaba con ansia alguna clase de recreación cómica de una juventud que no había tenido nunca, ¿y qué hombre de *cincuenta años* querría tener un *hijo*?, está pensando Downing cuando por fin la esbelta botánica aparta la vista de sus ventanas, se dirige a él y le pregunta de forma atrozmente directa:

—Señor Downing, ¿cree usted en la vida después de la muerte?

La autopista va vacía mientras buscas en tu teléfono el número de Tabitha Castle, hija del único e incomparable Brian Castle, multimillonario de la tecnología; se trata de una chica dura y descarada con la que has salido alguna vez y que se hace llamar con el adorable apodo Toby. Este año Toby Castle cumple veintinueve años y tú treinta y cinco, y la verdad es que siempre os lo pasáis bien juntos, y siempre te gusta ver a Toby, de manera que vas a ir a por ella.

Toby Castle está en forma. Toby Castle es rubia.

Toby Castle lleva vestidos almidonados sin mangas para fardar de brazos musculados y dirige una empresa financiera que ayuda a despegar a pequeñas firmas de inversión, y aunque todo el capital viene de su padre y del sector tecnológico, invertido a cambio de unos dividendos vertiginosos del 85 %, *Castle* es un apellido importante en Washington —carajo, en toda Norteamérica—, y de pronto no te cuesta nada imaginaros a Toby Castle y a ti asistiendo a fiestas de sociedad, a los eventos benéficos, a las galas y a los bailes, y te puedes, en fin, *te puedes imaginar perfectamente casándote con Toby Castle*, viviendo con Toby Castle en tu casa unifamiliar, quizá incluso formando una familia (ya has probado cómo le sabe la vagina, no es terrible), y luego, en cuanto la tengas formada, ya no te hará falta vivir con Toby Castle. Podrás hacer lo que hacen los representantes Rutledge y Olioke, que es tener a sus familias *fuera del D. C.*, y en realidad lo prefieres así, porque la verdad es que no tienes nada contra las mujeres, pero en líneas generales te hacen sentirte incómodo.

El problema no es el sexo. O sea: las mujeres te hacen sentirte un hombre, pero los hombres te hacen sentirte *humano*. No es culpa tuya ser quien eres, ni que ellas sean quienes son. A fin de cuentas, hay ciertos *hechos biológicos* en juego, como la Ley Natural, y de acuerdo, los podemos llamar *Principios Divinos* si hay que contentar a los evangelistas (eres ateo en secreto, aunque a veces le tienes un miedo atmosférico a Dios), y tomas nota mentalmente de desarrollar estas ideas de la biología y la teología para *Verdades como paines*.

Porque no son sólo las mujeres. También hay muchas minorías que te ponen nervioso, como los negros o los LGBT o como se llamen, aunque no te los tomas en serio. LGBT parece el nombre de una agencia reguladora del tráfico. Y en cuanto a los negros, no son más que el 13,4 % de la población. Los latinos son más.

Para ser sincero, no tienes nada en absoluto contra los negros.

El representante Olioke es negro, y aunque lo odias un poco, es republicano y siempre lo has tratado bien y él siempre te ha tratado bien a ti, y hay una parte de ti que se ha imaginado, lo admites, que un día *exprimes la negritud de Olioke* pidiéndole que sea tu compañero de candidatura.

«Dividir para unir», te imaginas que le dices a una multitud enorme en la escalera del Capitolio, y te quedas un segundo absorto —a ver, espera, ya está— frente a las columnas blancas, sobre los escalones blancos y luminosos, y cinco aviones militares cruzan el cielo soltando ventosidades rojas, blancas y azules mientras te estiras suavemente los puños de la camisa, toqueteando los gemelos con la bandera de Reagan, y hecho, en fin, *un figurín* con ese traje recto de seda de Calvin Klein de 4.560 dólares.

Y ni te acuerdas ahora ni te acordarás nunca de las numerosas reuniones de padres y profesores que tuvo que aguantar tu madre, ni del miedo con que te miraba después de que los psicólogos escolares le dijeran que tenías «deficiencias de empatía». «¿Eso qué quiere decir?», oíste que le preguntaba a tu padre aquella noche, y él le contestó: «Pues quiere decir que es un cabrón», y tu madre suspiró. «Lo he sentido desde que nació —dijo, como si vivieran en la frontera—, lo he sentido aquí dentro», y a partir de aquel día te distanciaste de ellos y ni te importó ni te preguntaste más qué iban a pensar tus padres cuando estuvieras de pie en la escalera del Capitolio como estarás un día sin lugar a dudas, saludando con la cabeza a la multitud ingente, con Olioke a tu izquierda y Toby Castle a tu derecha cogiéndote de la cintura, sonriente, *dando rienda suelta* a su adoración por ti, y también estará presente Brian Castle, uno de los multimillonarios más famosos del país, detrás de ti, tu suegro orgulloso, con la billetera lista, y no tienes ni idea de por qué has esperado tanto para llamar a Toby Castle.

Encuentras su nombre. Pulsas un botón de la pantalla.

Cuando Toby te contesta, en vez de saludarte, te dice:

—*Hola, gilipollas.* —Y te habías olvidado de lo mucho que te gusta cómo te habla, y su voz suena *genial*, para ser sinceros, y te disculpas de inmediato por no haberla llamado antes.

Sí, ya sabes que han pasado meses, le dices, y quedas con ella para cenar en el restaurante ese de Georgetown, ella ya sabe cuál, el que se llama como un bufete de abogados, donde sólo sirven comida en fiambreras antiguas de hojalata y tienes que recitar un poema para que te den un menú.

El Brown, Lake & Peterson Company.

Es el último sitio al que fuisteis juntos, y aunque odias esas mierdas para hípsters, sabes que a las chicas les encanta, y Toby quiere ir allí, de forma que, cuando se lo sugieres, parece encantada pero también resuelta, como si *ya supiera qué te propones*, porque, seamos francos, los dos tenéis conocidos comunes, y esos conocidos comunes ya habrán puesto al corriente a Toby Castle de que los miembros de tu equipo te están presionando para que Encuentres Una Mujer, o sea, que ya debe de saberlo y seguramente ya estaba esperando tu llamada, pero aun así parece contenta de tener noticias tuyas, y eso hace que te alegres, que te alegres bastante, y cuando cuelgas te sientes de maravilla, la verdad, de maravilla, y te has olvidado por completo de Greg Tampico y del cerdo hormiguero, hasta que estás a punto de cruzar el puente de la calle Catorce y tienes que parar el Tahoe en el arcén de la autopista porque se te acaba de poner al lado un coche patrulla con sus luces giratorias.

Menuda pregunta para un *taxidermista*, piensa Downing mientras mira a Rebecca Ostlet, y la pregunta todavía le hace acordarse más del *jiva* del cerdo hormiguero, de Darwin y del esclavo guyanés, de su creencia de que a fin de tener éxito en el arte de la taxidermia tienes que suplicar frente al animal, tienes que sumergir tu alma en el alma de la criatura para que ésta, a través de ti, pueda renacer; por esta razón, la respuesta a la pregunta de lady Ostlet le resulta al mismo tiempo deslumbrantemente simple y deslumbrantemente compleja.

Downing se acomoda la taza del té y el platillo en la palma de la mano.

—Sí que creo en la vida después de la muerte —confiesa, y su respuesta parece aliviar a Rebecca Ostlet.

—De todos los amigos de Richard —dice ella—, ya sabía yo que era *usted* con quien tenía que ponerme en contacto. —Y procede a explicarle la extraña y repentina muerte de su marido, el hecho de que se pasó semanas sin tener noticias de él hasta que por fin le llegaron, y eran noticias terribles: todas las pastillas de alcanfor que se había tragado. Y que no volvería jamás de su safari.

A Downing le queda claro que Rebecca no puede entender por qué se ha suicidado su marido, pero sospecha que hay algo más que la mujer le quiere pedir, y le pasa por la cabeza la sórdida idea de que la mujer ha *conservado el cuerpo de Richard* y tiene la esperanza perversa de intentar *disecarlo*, pero sus siniestras preocupaciones se disipan cuando Rebecca se pone a hablar abiertamente del entierro y le cuenta que han conseguido una parcela para el ataúd en uno de los cementerios, el de Kensal Green —un alivio, apunta ella, dada la falta de espacio que experimentan los cementerios—, y mientras dice esto Rebecca se estremece de una forma muy convencional y femenina, y si Downing fuera otro hombre, se le acercaría y la rodearía con el brazo, pero en este momento sólo puede pensar en la imposibilidad absoluta de que Ostlet, o por lo menos el Ostlet al que él conocía, se haya quitado la vida.

—No es posible —dice.

—*Lo sé* —musita Rebecca, y las Brontë, notando su aflicción, echan a caminar en círculos en torno a su silla.

Titus Downing se fija en las ojeras oscuras de la mujer. Tiene los ojos un poco inflados y se ve con claridad en ellos todas las noches que lleva sin dormir, llorando. Y, sin embargo, ya no está llorosa. Si Downing no anda muy errado, se la ve un poco asustada.

—Titus —dice Rebecca, y por fin le cuenta la razón de que lo haya hecho venir a Londres.

Después de que lo enterraran, hace apenas unas semanas, le cuenta lady Ostlet, ha visto a su marido pasando con sus botas de cuero por delante de su piso de Gloucester Walk.

—Ya ha pasado cuatro veces.

Mujeres, se lamenta Downing; Dios bendito, tienen la sesera completamente *vacía*, y el mero hecho de tener que pensar que las mujeres no tienen nada en la sesera ya hace que Downing se sienta más tonto, y realmente odia hablar con mujeres, y debe de haber *legiones enteras* de viudas que han enloquecido al morir sus maridos y que creen verlos después de muertos en todas partes, y de pronto el vestido negro y las ojeras de lady Ostlet, junto con sus tres perras peludas y su piso lleno de flores, de pronto todas estas cosas le parecen a Downing señales de *locura*, y sin embargo, al mismo tiempo que lo piensa, también tiene que admitir que Rebecca Ostlet no se *comporta* como una loca: su expresión, aunque ligeramente temerosa, no revela pánico; de hecho, parece sentir más curiosidad que otra cosa, y cuando dice «Titus», en ese tono íntimo en que lo dice, poniéndole una mano sobre el interior del codo, y añade: «Está *ahí fuera*», y señala la calle, su forma de decir «ahí fuera» le provoca a Titus Downing un escalofrío.

Rebecca Ostlet le da una galleta a cada una de las Brontë.

—Pero eso no es lo peor —dice ella.

—¿Qué es lo peor? —pregunta Downing.

—Que cuando pasa frente a la casa —responde Rebecca—, tiene los ojos vendados.

—¿Por qué vendados? —dice Downing, porque, en fin, ¿qué se puede decir ante una afirmación así?

Con las palmas de las manos, Rebecca Ostlet se alisa la raya del pelo.

—Porque ya no tiene los ojos en la cara —contesta.

Una de las Brontë se sube de un salto al regazo de Downing y jadea encima de él. La respiración del perro está caliente, y Downing le huele los contenidos agrios del estómago mientras Rebecca Ostlet se pone de pie y camina hasta su secreter.

Es un secreter de mujer, pintado de blanco con rosas rojas, y a Downing le parece un juguete grande mientras ve a Rebecca abrirlo y bajar la tapa. A continuación saca un gabinete para especímenes de madera, que Downing reconoce al instante como el mismo gabinete para especímenes con cinco cajones que tenía Richard. Mira cómo Rebecca abre con dos dedos uno de los cajones, se acerca hasta detenerse delante de Downing y allí dentro, en el fondo revestido de corcho, le enseña un frasquito pequeño y con tapa de cristal lleno de un líquido espeso en el que flotan los dos óculos extirpados de Richard Ostlet.

Los polis nunca dan problemas. Sólo tienes que enseñarles tu documento de identidad y explicarles que eres congresista. Charlas un momento con el poli de turno y le haces sentirse importante, por el hecho, ya sabes, de *ofrecer el servicio que ofrece a la sociedad*, y puede que te ponga una pequeña multa de tráfico o puede que no, lo cual no es problema: no hay nada que tu equipo no pueda solucionar. Y cierto, mientras el agente se acerca a tu Tahoe, te pide el permiso de conducir, el registro del vehículo y el seguro, y tú se los das, todo va como tiene que ir, y el agente es como tú, un joven blanco y apuesto, e incluso se te parece un poco, y no tienes razón alguna para imaginarte que algo vaya a salir mal, hasta que te pone las dos manos en el costado de la puerta del coche y te pregunta qué demonios has estado haciendo todo ese rato al teléfono.

Sonríes. Te disculpas. Oh, le *aseguras* en tono dulce que sabes que has hecho mal, pero a fin de cuentas estás en plena campaña de reelección, *seguro* que el agente lo entiende, y ahora mismo estás volviendo a casa para atender a las muchas tareas que necesitan atención, y le vuelves a enseñar el documento de identidad.

Por alguna razón, esto le hace enfadar.

—Necesito ver su teléfono, señoría —dice, y estira el brazo.

Se lo das y te pones un poco nervioso cuando ves al agente inspeccionarte el teléfono, y todavía más cuando se pone a decirte que hay *leyes nuevas en vigor* en materia de conducción, y que te ha estado vigilando desde que has hecho ese giro en redondo ilegal, y que en diez minutos largos no has dejado el teléfono *ni un momento*, y te lo dice así, como si fuera un niñito exagerando una injusticia minúscula: *diez minutos largos*.

—Francamente, señoría —te dice—, me da

igual quién sea usted. Si va por ahí conduciendo con temeridad, está poniendo en peligro a los demás.

Reafirmas su postura. Caramba, le dices, tiene *toda la razón*. No deberías estar *nunca* al teléfono cuando conduces, y le das las gracias por ayudarte a entender las nuevas leyes (aunque te parecen unas leyes estúpidas), y le dices que, si te tiene que poner una multa, lo entenderás.

Silencio por parte del poli.

Le preguntas cómo les va a los Muchachos del Cuerpo. Si hay algo que los Muchachos del Cuerpo necesiten y no estén consiguiendo del Congreso... Y le vuelves a recordar amablemente que eres congresista y le enseñas tu identificación, y en ese momento te mira con incredulidad. Suelta una risotada, y esa risa te dice que el agente no está de tu lado, que no es uno de los tuyos, seguro que es un puto demócrata, y con los demócratas no se puede hablar, así que a partir de ese momento cierras la boca y dejas que sea el agente quien hable, y no resulta ser buena idea, porque ves que la cosa termina de torcerse cuando el agente empieza a rajar sobre su mujer y a contarte que necesitaba un aborto urgente que le salvara la vida, pero que tú, el representante Alexander Paine Wilson (R), fuiste uno de los congresistas que votaron a favor del proyecto de ley recientemente rechazado en Virginia que quería prohibir todos los abortos a partir de la sexta semana, y que habrías estado dispuesto a dejar *morir* a su mujer sólo para fingir que estabas «protegiendo la vida», y que es por eso por lo que este agente —en su insignia pone que se llama ANDERSON—, que vive en un apartamento de mierda en Falls Church o algún sitio así, no sólo va a votar a la puta Nancy Beavers, sino que va a convertir la vida de su oponente en un infierno de dimensiones descomunales.

—Salga del vehículo, caballero —dice el agente Anderson.

Sales del vehículo. El policía te pide que te des la vuelta, y te avisa de que te va «a cachear, ¿de acuerdo?», de manera que te das la vuelta sonrojado y furioso en plena mañana de calor agobiante y apoyas las manos en el capó brutalmente caliente del Tahoe mientras los coches y los camiones pasan a toda pastilla, cogen el puente y de ahí toman la autopista Memorial Jefferson.

Las luces del coche patrulla dan vueltas. Todo huele a caucho quemado y aceite y rezas para que nadie te reconozca mientras el agente Anderson te cachea piernas arriba, hasta la entrepierna, y estás intentando decidir si lo vas a denunciar ante tu equipo, para que se haga cargo de esto, ya sabes, sin problemas, cuando te dice que vayas al maletero del Tahoe y lo abras.

Caminas hasta el maletero mientras pasa bramando una larga comitiva de camiones de carga. Te llegan el calor del asfalto, el aceite y la gasolina, y te mareas, y sólo piensas en el marrón increíble en que se va a ver metido hasta el cuello este asqueroso del agente Anderson cuando haya terminado contigo, lo cual significa que no estás pensando para nada en el cargamento que llevas en el maletero del Tahoe cuando abres la puerta.

El agente de policía se aparta de un brinco.

—¡Qué cojones es eso! —grita.

Y ahí está el cerdo hormiguero, posado en su soporte. Ahí está el cerdo hormiguero, con una zarpa en alto y la cabeza cubierta con un puñetero paño de cocina vintage de 22 dólares que de pronto parece increíblemente sospechoso tapando la cabeza de un cerdo hormiguero, como si fuera un infiel.

—Es un *cerdo hormiguero* —dices, y el agente le quita de un tirón el saco de harina de la cabeza al cerdo hormiguero como si le fuera a morder, y sí, hay un cerdo hormiguero gigante disecado ocupando el maletero del Tahoe.

El agente Anderson te mira.

—¿Qué está haciendo con un cerdo hormiguero disecado, señoría?

—No estoy haciendo nada con él —respondes.

—¿Para qué es?

Te queda cara de no entender qué te está preguntando, porque sinceramente no entiendes qué te está preguntando.

—¿Dónde está el permiso? —inquiere.

—¿El qué?

—El *permiso*. Necesita usted un permiso federal para poseer esta pieza de fauna salvaje —te dice.

Le explicas con calma que esa «pieza de fauna salvaje» te la han entregado en tu domicilio esta misma mañana. Y que, si así lo desea, te puede seguir hasta Asher Place y le puedes enseñar la caja, la caja enorme de cartón en la que te lo han entregado, pero el agente Anderson niega con la cabeza.

—Un permiso federal de taxidermia lo autoriza para poseer de forma temporal una pieza de fauna salvaje adquirida de forma legal —dice, citando obviamente algún libro—. Es completamente ilegal importar, exportar, transportar, vender, recibir, adquirir o comprar fuera del propio estado o del propio país cualquier pieza de fauna salvaje obtenida, poseída, transportada o vendida violando cualquier ley estatal o extranjera. Esto se llama *ley Lacey*.

Ha conseguido enfadarte. *Conoces* la puñetera ley Lacey, dices. Pero no has *robado* la pieza, y ciertamente no la has disecado tú; ¡*te la han regalado*, por el amor de Dios! *Es un puñetero regalo*, insistes, y no te das cuenta de la trampa que te acabas de tender a ti mismo hasta que es demasiado tarde.

Anderson te mira de reojo.

—Muy bien, señoría —te dice—. ¿Quién le ha *regalado* este cerdo hormiguero? Sea quien sea quien se lo ha regalado, le tiene que haber dado el permiso —añade, y es entonces cuando empiezas a imaginarte situaciones: por ejemplo, tirar al agente Anderson al suelo de un empujón, meterte de un salto en el Tahoe y salir pitando; o bien decirle al agente Anderson: «Hala, mire qué pájaro más raro hay en el cielo», arrearle sendos puñetazos en el mentón y en la tripa y meterte corriendo en el Tahoe; o quizá, por poner otro ejemplo, dejar atrás corriendo al agente Anderson por el puente de la Catorce, saltar por un costado del puente a las aguas del Potomac, nadar hasta la orilla, abandonar el Tahoe y el cerdo hormiguero, y parar de alguna manera un Uber; o bien *ir a saco* y quitarle a Anderson el arma de la pistolera y entregarte al destino; pero ninguna de estas opciones es viable en el siglo XXI. En el siglo XXI hay cámaras por todas partes. El agente Anderson las tiene en el coche patrulla. Y las lleva encima. Y esas cámaras te están grabando ahora mismo mientras piensas en qué le vas a contestar, y notas que la cosa se está poniendo fea, que Anderson está empezando a sospechar, de manera que te resignas a la cuarta opción, el glorioso refugio de todos los jóvenes blancos y ricos del mundo: hacerte el tonto.

Le dices a Anderson que la caja en que te lo han traído no tenía remitente. Alguien, no sabes quién, te ha mandado este cerdo hormiguero, no tienes ni idea de por qué, y, en serio, la gente les manda a los congresistas *regalos megarraros todo el tiempo*, le dices, y te pones a contar la historia confusa y larga de cómo una vez un votante le mandó al representante Rutledge una pata de conejo sujeta con una cadenilla, y no ves demasiada diferencia entre esto y una pata de conejo.

Por desgracia, el agente Anderson no se lo traga.

—Hay una *diferencia descomunal* entre una pata de conejo y un *cerdo hormiguero entero* —dice, y está claro que no se ha creído lo del remitente—. El servicio de Correos no entrega nada si no hay remitente —aclara, y es entonces cuando, experimentando un alivio considerable, te acuerdas del tipo de FedEx de la barba poblada y las gafas graciosas de culo de vaso.

Te cruzas de brazos. Le dices a Anderson en tono condescendiente que no te ha llegado a través de Correos; te ha llegado por FedEx.

Y al oír esto el policía se anima visiblemente.

—Magnífico, pues —dice—. Entonces lo único que necesitamos es encontrar el número de tracking. —Y es entonces cuando te das cuenta de que, de momento, te tiene pillado. De que, si te aferras a tu historia, se va a enterar de que el cerdo hormiguero te lo ha mandado Greg Tampico, y tu siguiente maniobra sólo puede ser distanciarte todo lo posible de Greg Tampico, y a partir de ahora, Tampico tiene que ser *un completo desconocido*, porque, a fin de cuentas, ¿quién sabía lo tuyo con Greg Tampico más que él y tú?

Anderson te vuelve pedir el móvil, en el que

ahora tienes 603 mensajes de texto y 410 e-mails sin leer.

—Creo que deberíamos ir a comisaría —dice, y empieza a leerte tus derechos.

2

Downing sabe, gracias a Darwin, que el ojo humano, dentro de su cavidad, empezó siendo un simple parche fotosensible. Una mancha en la piel de una criatura primitiva, y esa mancha, hecha únicamente de fibras nerviosas y fotorreceptores, hecha de opsina y de cromóforos, le otorgó a aquella criatura primitiva una ventaja de cara a la supervivencia, para bien o para mal, un *sentido de la orientación*, hasta que un día, partiendo de esa ceguera, la mancha se hizo más profunda, creando un óculo, y, así pues, ensanchemos la obertura, creemos un espacio por el que pueda entrar más luz, construyamos una *cámara llena de fluido* completamente aceptado por los fotorreceptores a fin de que pueda llegar la retina, repleta de una fina capa de pigmentación y células, y a continuación aparece la córnea, cubriendo esa cámara de una membrana finísima que después se hace más gruesa, y el fluido de la cámara se espesa hasta convertirse en un *humor transparente*, en cuya parte frontal surge la lente. La córnea se separa. El humor se vuelve vítreo al tiempo que conserva una cámara acuosa, a fin de proteger el iris, y sucede de tal manera que le otorga la gama más amplia de visión a aquello que ha cobrado vida en la cavidad, propiciada por músculos nuevos, dirigida por nervios, y todo está protegido por los apéndices necesarios, los párpados y las cejas, hasta que lo que antaño fue un receptor muy simple, capaz únicamente de distinguir claridad y oscuridad, la sincronización diaria de los ritmos circadianos, ahora se convierte en el ojo humano, redondo, blanco y semisólido, complejo como una cámara.

Mientras ve flotar dentro del frasco de cristal los ojos de su íntimo amigo sir Richard Ostlet, Titus Downing sabe que todo esto es cierto, y sin embargo no hay una explicación científica de cómo los ojos han sido extraídos de la cara de Richard, de cómo han llegado a la puerta de Rebecca Ostlet dentro de esta caja para especímenes junto con unos pocos artículos personales más, ni ciertamente de cómo se conservan en tan buen estado después de recorrer la distancia que han recorrido, por tierra y mar; y aunque Rebecca insiste en que se trata de los ojos de Richard, porque sería capaz de reconocer en cualquier parte los ojos azules atípicamente grandes de su marido, en opinión de Downing ésta no es en última instancia la cuestión: la joven botánica que acaba de enviudar —quién sabe por qué razón, aunque seguramente debido a alguna complicación femenina del dolor y la confusión— *guarda los ojos de su marido bajo llave en un secreter*, ¡junto con el papel de carta y otras *bagatelas*!

Cuando los forenses enterraron a Richard, le explica Rebecca a Downing, no hubo ni velatorio ni cuerpo a la vista. Al contrario, cuando el ataúd llegó a Londres procedente de África ya venía sellado, y lo enterraron rápidamente así, sin abrir, en Kensal Green, y ahora Rebecca le cuenta a Downing lo mucho que se quejaron los portadores del féretro de cuánto *pesaba*, de que sólo para levantarlo ya había hecho falta el concurso de todos los presentes, ya no digamos para *poner aquel cajón del infierno bajo tierra*, y aunque entonces ella pensó que el peso del ataúd lo explicaba —sólo lo podía explicar— el cuerpo de su orondo marido, ahora se pregunta en voz alta si quizá fuera una equivocación no abrir el ataúd.

Rebecca Ostlet clava sus ojos en Titus Downing y la mirada que le dedica es una súplica.

—Lleva semanas subiendo y bajando por Gloucester Walk —le cuenta—. He pensado que tenía que escribirle a usted.

Downing asiente con la cabeza.

—Entiendo por qué me ha escrito —dice, contemplando los nervios ópticos de Richard Ostlet, que flotan detrás de los globos oculares como pequeños rabos nerviosos—. Pero, señora —continúa—, me está pidiendo usted que crea en fantasmas, en apariciones...

—Normalmente estaría de acuerdo con usted —dice ella, y, señalando con el brazo en dirección a la sala, le explica que suele tener plantas en las ventanas, pero que una ocultista le ha recomendado que decore el piso con rosas para mantener a raya a Richard, y la ocultista le ha indicado que no se corte un pelo, de manera que ella no se ha cortado un pelo—. Tengo rosas en la puerta de entrada —dice— y rosas en las ventanas. Y, aun así, Richard viene.

—Ya veo —musita Downing.

—Creo que Richard, o lo que sea que queda de Richard, quiere que le devuelva sus ojos. Creo que por eso se pasea. Pero no tengo ni idea de qué hacer —dice Rebecca, y mira con una sonrisa triste a las Brontë, que están encogidas y durmiendo a sus pies.

Downing vuelve a asentir con la cabeza, y es porque él, luchando contra la terrible tristeza que le produce la idea de haber perdido a Richard, ya ha trazado un plan: le explica a la mujer que a la mañana siguiente tiene una cita bastante conveniente con Harold Skinner, afamado especialista en prótesis, y que si así puede ayudar a la situación de ella, y con su permiso, Downing estará encantado de *llevarle los ojos* al doctor Skinner y de preguntarle qué opina. Qué opina sobre qué le debió de pasar a Richard. Y sobre qué se puede hacer.

Al oír esto, Rebecca Ostlet se anima considerablemente. Declara que *por supuesto* que le concede su permiso y a continuación cambia de tema. Se pone a hablar de lo difícil que ha sido la situación para ella, de *sus responsabilidades de viuda*, de quedarse todo el día en el piso a solas con su duelo; y que ella es, de la cabeza a los pies, una criatura nacida para estar *al aire libre*, y que, en su opinión, su terriblemente breve matrimonio ya no la compromete a más aislamiento social; así pues, dice, a los planes que tienen para cenar hoy les seguirá mañana una charla en la Royal Institution sobre las ruinas del templo de Artemisa en Éfeso a cargo de su mismo descubridor, el arqueólogo John Turtle Wood, que empezó en la vida como un simple arquitecto, ¿lo sabía Downing?, y se pasó *cinco años enteros* buscando en vano hasta darse cuenta de que podía existir un camino pavimentado que fuera desde la Puerta de Magnesia directamente hasta el templo, y por supuesto lo había, enterrado a seis metros por debajo de la arena, y en cuanto termina de contarle esto le pregunta si, en el caso de que a Downing le parezca bien, quizá querría llevarse el frasco de cristal y guardarlo en su dormitorio durante la noche, mientras se está alojando en su casa...

Downing dice que sí a todo, y esa misma noche, después de una suculenta cena a base de cordero asado, patatas nuevas y dos botellas de clarete, cuando todo el mundo se ha relajado, Rebecca

Ostlet, que ha bebido más que de costumbre, se sincera con Titus Downing sobre su marido: le cuenta lo *distante* que se mostró Richard casi desde el momento en que se casaron. Que siempre estaba *de viaje*, y que ella nunca había esperado mucho más que un mínimo de afecto, pero que ese mínimo de afecto no se había producido.

—Era como si nunca pensara para nada en mí —dice, y Downing asiente con la cabeza, escuchando las penas de Rebecca con una mezcla de sorna y de lástima, igual que escucharía a un niño que le explicara las matemáticas básicas. Porque todo esto ya lo sabe, lo tiene interiorizado, y no le apetece oír ni una palabra más al respecto.

Porque da igual cuántas copas de vino se beba, Downing no está dispuesto a contarle a lady Ostlet las docenas de noches que él pasó con Richard; ni que en muchas ocasiones los dos dormían juntos en brazos del otro, ni que su cuerpo flaco encajaba perfectamente en la corpulencia de Richard; y está claro que Downing no le va a explicar cómo las miradas de Richard y él se encontraron en la Exposición Universal hacía tantos años, en torno a una zorra disecada de cola temblorosa; ni que Richard lo llevó por un pasillo cubierto con moqueta roja hasta el armario de la limpieza donde, entre el azogue, el aceite de colza y el trípoli, Ostlet lo besó con una pasión que Downing no sabía que existía entre hombres; ni que él le bajó los pantalones a Ostlet y se metió su polla dura y gordezuela en la boca, y aunque Downing nunca se había permitido imaginar que era esto lo que quería o necesitaba, de pronto lo era *todo*, y se asombró a sí mismo al darse cuenta de que sabía qué hacer, de que era un conocimiento innato, y cuando Ostlet se estremeció y se vació en la boca de Downing, éste llegó a la conclusión de que ningún hombre amaba verdaderamente de forma pública, de que el amor verdadero era un secreto, y mientras los dos hombres regresaban andando a la Exposición Universal, con los brazos rozándose, vio el mundo de forma muy distinta: entendió que el varón humano adulto no era más que un mamífero disfrazado, y por primera vez desde que había abandonado su granja de infancia en Northumberland supo que formaba parte de la naturaleza, ¿acaso se había sentido alguna vez tan *él mismo*, tan *despierto*? Y por eso mismo no quiere oír ninguna de las quejas de lady Ostlet, salvo quizá una.

Por supuesto, le dice la mujer a Downing, no se quedó tan sorprendida como se podía esperar de una esposa al descubrir los ojos de su marido metidos en un frasco dentro de un gabinete para especímenes de cinco cajones procedente de África, porque, tal como está segura de que Downing sabe (y lo sabe), Richard sufría exoftalmia, una afección *rarísima* por la que al paciente a veces se le salen los ojos de las órbitas. Pero lo que quizá Downing *no sepa*, dice entre sollozos, es que *en ciertas ocasiones*, si Richard sufría un golpe violento en la cabeza, o bien si movía los párpados hacia donde no debía, se le salían los ojos del todo, y sólo le quedaban unidos a la cara por los nervios ópticos, ¡y era algo *terrible* de ver!

Pese a su disposición risueña, explica Rebecca Ostlet, Richard sufría lo indecible, y los ojos siempre se le estaban saliendo en las situaciones más inconvenientes, y una vez un médico le había informado de que aquello se llamaba *luxación globular espontánea*, y no se podía hacer nada más que aceptar el hecho de que pronto sir Richard Ostlet ya no sería capaz de continuar su trabajo como naturalista al aire libre. Al pobre, contó Rebecca que había dicho el médico, no le faltaba mucho para quedarse completa e irrevocablemente ciego.

Estás abrazado a la cabeza de un cerdo hormiguero gigante disecado en el asiento de atrás del dentudo Ford Police Interceptor del agente Anderson; con las muñecas inmovilizadas al frente de forma *completamente* innecesaria con unas bridas de plástico blancas, cruzando el Potomac en dirección a Independence Avenue, al lado mismo de la Explanada Nacional.

Como todavía hay puntos de la red donde no funciona nada, la gente está en la calle, y es toda gente gorda. Hay hombres gordos, mujeres gordas y niños gordos, y todos llevan el mismo atuendo básico: camiseta y pantalones cortos, calcetines blancos y deportivas. Y hasta los adultos parecen niños grandes cuando pululan contoneándose en torno al monumento a Washington, con prétzels de seis dólares en las manos y orientando los móviles al cielo con dedos grasientos cuando el Interceptor pasa a toda pastilla frente a L'Enfant, el centro federal, y gira a la izquierda delante del Capitolio, y *está claro* que Anderson te podría haber llevado a una de las subcomisarías (la de la calle M estaba más cerca), pero no: vas a la comisaría del primer distrito, que es donde trabaja el comisario, y cuando llegáis al bloque puñeteramente enorme de cemento clásico del D. C., Anderson te lleva por un pasillo que todavía huele al tabaco de los cigarrillos de hace dos décadas y te hace entrar en una sala que parece sacada de una película, llena de mesas metálicas del tamaño de rinocerontes bebé y de ordenadores viejos y grises de la década de los 2000.

Los policías llevan literalmente uniformes *caqui plisados*, y quién coño lleva ropa *caqui* a estas alturas, te preguntas mientras Anderson te sienta en una silla dura de madera y le cuenta en voz baja a la comisaria la historia que él cree que no puedes oír pero que oyes perfectamente.

El agente Anderson no tiene forma de saber que tienes un oído increíble. Lo has tenido desde que naciste, y eso te hacía ser un bebé extremadamente irritable, según te contó una vez tu madre, y puedes oír una conversación entera entre dos personas que susurran *en una habitación distinta*, ya no digamos si está teniendo lugar a dos o tres metros de ti, y la historia que le está contando Anderson al jefe de policía es para no creérselo: que sí, que eres exactamente quien todo el mundo piensa que eres; que no sólo estabas mandando mensajes de texto mientras conducías, sino que también transportabas un cargamento pesado extremadamente inusual, y que el agente Anderson ha *extraído* dicho cargamento pesado de tu vehículo y lo ha encajado en el asiento trasero de su Interceptor para traeros a los dos a comisaría; y que, mientras conducía hasta comisaría, se ha fijado en la manera extraña en que *rodeabas* el cargamento con un brazo, y Anderson simplemente no se cree que un cerdo hormiguero disecado entero pueda ser un regalo *político*, susurra, porque los regalos políticos te los deben de mandar a tu *oficina*, y además le has dicho al agente Anderson que te lo han mandado *a tu casa por FedEx*, lo cual significa que no es un regalo político, sino *personal*. A Anderson no le cabe duda de esto. Así pues, en su opinión, quedan las siguientes preguntas sin responder:

¿Quién le regalaría al representante Alexander Paine un cerdo hormiguero disecado gigante a título personal? ¿Por qué iba el congresista a taparle la cabeza al cerdo hormiguero con un paño de cocina? ¿Adónde estaba llevando esta mañana al cerdo hormiguero y por qué iba a intentar deshacerse de él?

—Todo este asunto *huele a chamusquina* —oyes que dice Anderson, y al oírlo la comisaria, una tríada pesadillesca de mujer, negra y lesbiana, le echa un vistazo a tus manos esposadas y a tu ropa J. Crew de verano.

Le pregunta a Anderson qué te ha dicho.

—Le he citado la ley Lacey —contesta Anderson. Su hermano es cazador y lo sabe todo sobre las reglas de transporte de la caza.

La comisaria se ríe y murmura:

—Buenísimo.

Y es entonces cuando te pones de pie y exiges llamar a tu abogado *de inmediato*; eres un congresista que ha sido víctima de una *detención ilegal*, y el agente Anderson ha violado la mayoría de tus derechos recogidos en la Cuarta Enmienda, y, por la razón que sea, *está yendo a por ti*.

Estás gritando. Eres consciente de estar haciéndolo, y también de que gritar es una mala idea, cuando entran tres policías más cargando con el cerdo hormiguero.

—Este bicho pesa *una tonelada* —dicen entre risas, y lo dejan caer pesadamente en una mesa que tienes delante, a la vista de todo el mundo, y los policías de la comisaría se levantan de sus escritorios y rodean al cerdo hormiguero, toqueteándole el hocico y las orejas, y por razones que no consigues entender, te sientes un poco a la defensiva cuando se ponen a soltar risillas y a decir que es un *adefesio* o *raro de cojones*, de manera que te vuelves a desplomar en tu silla y, con las muñecas atadas y doloridas, buscas el móvil.

No lo tienes en el bolsillo. Te acuerdas de que Anderson te lo ha quitado cuando habéis llegado, y sin móvil te sientes desnudo, solo, y rezas para que tuvieras activados los ajustes de seguridad cuando escribías a Tampico.

—Ha sido un *regalo* —vuelves a gritar.

¡No te puedes creer que alguien pueda pensar que *quieres* ese estúpido cerdo hormiguero! Y aunque sí, es *cierto* que lo tenías rodeado con un brazo en el asiento trasero del Interceptor, sólo era porque el cerdo hormiguero es una puñetera mole, es enorme, y los baches del D. C., como sabe todo el mundo, son *de agárrate y no te menees*, y sólo estabas intentando impedir que la puñetera cola del cerdo hormiguero se le clavara en toda la cabeza al agente Anderson a través de la puñetera *partición de seguridad* mientras conducía, y que el hocico del cerdo hormiguero se te clavara a ti en toda la entrepierna, y para eso le has abrazado la cabeza, aunque con dificultades por culpa de *tener las puñeteras muñecas esposadas*, y mientras la policía empieza a apuntarlo todo, a tomarte declaración, llega un fotógrafo de la policía con una cámara y se pone a sacarte fotos, y ahora hay fotos de ti, fotos de ti esposado en una comisaría al lado de un cerdo hormiguero disecado, y antes de que tu mente pueda detener a tu cuerpo, te levantas de golpe, le quitas la cámara de las manos al fotógrafo y la tiras debajo de una mesa, donde se rompe, y es entonces cuando los policías, enfundados en sus uniformes caqui, se te echan todos encima al alimón.

Titus Downing está en el tren de regreso a Leamington Spa. El frasco que lleva en su maletín contiene dos ojos humanos que flotan como peces muertos en su fluido, y no siente culpa, ni pizca, por haber mentido a Rebecca Ostlet acerca de sus razones para marcharse de inmediato a la mañana siguiente, para saltarse la charla sobre el templo de Artemisa en Éfeso y para cancelar de golpe la cita con su antiguo compañero de habitación, el afamado especialista en prótesis Harold Skinner, puesto que ya hay un nuevo plan en marcha: *le va a poner al cerdo hormiguero* los ojos de sir Richard Ostlet, lo supo en el momento mismo de verlos, porque Downing, que es científico y no cree para nada en los fantasmas, *sí que cree* en las coincidencias; negarlas es negar el *destino*, y por eso, al regresar al taller de su casa, y usando goma laca húmeda, embadurna y seca meticulosamente varias veces los dos ojos hasta que quedan relucientes y endurecidos, y luego los afianza bien, con alambre y pegamento, en las cuencas oculares vacías del gigantesco y corpulento cerdo hormiguero, y a Downing no le sorprende en absoluto que encajen tan bien, y se entrega con gentileza, con guantes y sus fórceps, a bajar sobre ellos los párpados de largas pestañas, aplica una cola húmeda hecha de dientes de caballo, y aunque es un momento de su vida bastante macabro y espeluznante, mientras manipula los ojos de su antiguo amante, no puede evitar pensar: *«El amor es esto»*.

—«No me gustan los huevos verdes con jamón —le recitas al camarero de la Brown, Lake & Peterson Company mientras lees de tu teléfono—. No me gustan, no, Ramón.»

Y Toby Castle te echa un vistazo como diciendo: *por favor*. Se aparta la larga melena rubia por encima del hombro y suelta:

—«Como no pude parar por la Muerte / Ella paró amablemente por mí.»

Lo cual está bien, porque el camarero, igual que todos los camareros de la BLPC, tiene un 0,125 % de acciones del negocio y se toma muy pero que muy en serio todo el tema de las fiambreras y el menú a cambio de poemas.

Te entrega con mucha delicadeza el menú de papel, como si lo fueras a manchar.

—Lo siento, hoy he estado en la cárcel —le dices.

Y Toby Castle le dirige al camarero una mirada de disculpa, como si ella y tú ya llevarais años casados, y suspira mientras dice en tono desalentado:

—Yo sólo quiero una ensalada.

Toby se ha desanimado en cuanto te ha visto todo desarrapado en la barra del restaurante, en cuanto le has contado lo sucedido esta mañana, que te han llevado al centro, a una puta comisaría de verdad, y te has pasado el día entero ahí, y que ahora están investigando el regalo de un cerdo hormiguero disecado —y era *realmente* un regalo— que ha llegado a tu puerta sin que sepas quién lo ha enviado.

La verdad es que la entiendes; a fin de cuentas, se ha arreglado a conciencia para la cita y se la ve guapa e impecable con un vestido de seda de color azul y aspecto caro que resulta perfecto para el calor; se ha puesto de punta en blanco, incluidos tacones, peinado y maquillaje, y ahí estás tú al otro lado de la mesa, todo sudado, con la ropa de J. Crew arrugada; pero da igual lo guapa que se haya puesto, quieres comunicarle: tiene una suerte *de narices* de poder tenerte sentado delante, piensas, considerando quién eres y dónde has pasado el día. (Pero esto no se lo dices.)

—Ha sido todo un malentendido enorme —dices, partiendo unas empanadillas de obsequio rellenas de ternera curada que el camarero os ha servido dentro de una fiambrera de Trixie Collins, y no te pasa por alto que, a tu alrededor, el resto de la clientela está comiendo con fiambreras de época de Batman, Spider-Man, Superman, Aquaman y Linterna Verde, pero a ti no te ha tocado ninguna de ésas. El camarero, ofendido por tu poema, te ha puesto la de Trixie Collins.

—¿Quién coño es Trixie Collins? —le dices al camarero, que ahora está en la mesa de al lado y que se te queda mirando con el ceño fruncido y te dice en voz baja: «Búscalo en Google».

—*En fin* —prosigues—. El agente no entendía y sigue sin entender la ley Lacey, y cada vez que un poli se quiere enfrentar conmigo en materia de conocer la legislación, yo me limito a decirle: adelante.

—¿Qué es la ley Lacey? —dice Toby Castle, con su voz más aburrida.

—La ley Lacey —le explicas, parafraseando la somera información que has obtenido de tu teléfono antes de que te lo quitara Anderson— se aprobó *en 1900 o algo así* para impedir que los cazadores furtivos transportaran animales, aves, plantas y toda clase de fauna salvaje, básicamente cualquier cosa viva, a otros estados. Ahora es, en fin, *ilegal* importar o exportar un animal, o, en este caso, enviar caza mayor obtenida de forma clandestina a un taxidermista.

—O sea, que tu cerdo hormiguero fue cazado ilegalmente.

—No es *mi* cerdo hormiguero —dices mientras observas cómo Toby Castle examina su empanadilla, quitándole las partes grasientas con sus uñas de salón de manicura, y realmente desearías que la tía *se esforzara un poco más*, porque tienes

1.267 mensajes de texto y 899 e-mails sin leer en tu teléfono, y la puta Nancy Beavers te está pisando los talones, tienes *trabajo que hacer*, por el amor de Dios, y en cambio aquí estás, en este restaurante idiota, y lo estás haciendo por ella, y a ella *no le importa*, y ya te estás empezando a preguntar si a fin de cuentas la idea de Buscar Una Mujer no será una estupidez total, cuando Toby dice:

—Dejemos el tema. —Chasquea los dedos y le pide al camarero dos gimlets de ginebra con pepino triturado, lo cual mejora al instante la situación.

Te disculpas. Le dices a Toby que está espléndida, que simplemente no te esperabas pasar el día en comisaría. Tu equipo ha tardado tres horas más en tramitar todo el papeleo y en conseguirte tu teléfono, y ahora te va a costar Dios y ayuda lidiar con el hecho de que los titulares de mañana por todo el mundo van a decir algo así como ARRESTAN AL CONGRESISTA ALEX WILSON (R) POR POSESIÓN ILEGAL DE UN CERDO HORMIGUERO DISECADO, y pese al hecho de que eres totalmente inocente, dices, para la gente de tu equipo va a ser un verdadero infierno, si no lo es ya.

Sostienes tu teléfono en alto. Le enseñas a Toby Castle todos tus mensajes sin leer, y ella te sonríe, y lo que te dice a continuación es la razón de que te caiga bien esta chica:

—Eso será *mañana* —te dice, pasando las manos sobre la mesa y acariciándote los botones de tus puños arrugados—. Esta noche no. —Y queda claro en ese mismo momento que te vas a llevar a Toby a tu casa y que los dos os vais a meter bajo el vapor de tu ducha Kohler WaterTile vibrante de bronce bruñido con Lluvia Superior y Lluvia Ambiental, y que vas a resarcirte de este día de mierda a base de matar a polvos (si puedes) a la hija de Brian Castle.

«Vengan a ver al cerdo hormiguero —escribe Downing a los museos y a los periodistas— con sus orejas de conejo, su hocico de cerdo y su cola de canguro. ¡Cuesta creer que exista! En mi opinión, se trata de un espécimen grande para su género, pesa lo mismo que una mujer humana de poca altura y posee un *esprit* único que sólo se puede apreciar al verlo.»

La exposición abierta al público está programada para el sábado siguiente, el cuarenta y dos cumpleaños de Titus Downing, y aunque nunca sabe muy bien cómo van a ir las exposiciones, y aunque el cerdo hormiguero no es tan alto como la jirafa y tampoco es tan impresionante ni mucho menos, cree que cuando los espectadores le echen un solo vistazo a su *pose*, a su *personalidad*, verán lo mismo que ve él: una modalidad peculiar o melancólica de belleza, y es debido a esta creencia —unida a la popularidad inmensa de Walter Potter, que ahora exige de Downing un mínimo de publicidad, lo que él llama «la degradación»— por lo que en el curso de la semana siguiente, además de las cartas personales a museos y periodistas y de todos los anuncios pagados que escribe, el taxidermista contrata a una pequeña compañía teatral para que el día de la exposición, y vestidos con disfraces caseros de cerdos hormigueros, *imiten las acciones del animal*. Y él, Downing, les enseñará torpemente en persona a los actores, retorciendo su propio cuerpo, cómo la criatura debió de pasearse por los llanos del Karoo, en el África meridional, con un trasfondo de montañas lejanas. Cómo debió de hurgar ágilmente en la tierra con su extraño hocico de cerdo mientras paseaba, y los muchachos practicarán cómo gatear de un lado a otro, echando atrás la cabeza, y se fabricarán, a partir de unos dibujos realizados por Downing, unos hocicos de papel maché para ponérselos encima de la nariz, unas zarpas anchas para encajárselas en las manos y, en el trasero de los pantalones, unas gruesas colas de canguro.

Lo único que Downing no anuncia públicamente son los ojos, porque sabe que serán la sorpresa, el verdadero espectáculo, porque ha hecho algo que ningún taxidermista ha hecho jamás; y los espectadores mirarán los ojos del cerdo hormiguero y sentirán lo mismo que siente él *(amor)*, pero no conseguirán entender por qué, ni qué los hace sentir así; y mientras termina el maniquí y pule por última vez el pesado soporte del cerdo hormiguero, bastante contento de haber elegido madera de árbol del plomo, el mejor espécimen de *Combretum imberbe* que podía importar del hábitat natural de la criatura, Downing contempla los ojos azules del cerdo hormiguero y rememora la última vez que Richard Ostlet y él se vieron, sólo una semana antes de que Richard partiera hacia África.

Aquel día no pasó nada particularmente distinto. Su encuentro con Richard fue exactamente igual que siempre: como si no hubiera pasado el tiempo desde aquel día de hacía dos décadas y media en que se habían encontrado en el armario de la limpieza de la Exposición Universal. Salvo por el hecho de que Ostlet no estaba bien.

—Son nervios —le había dicho, pero pasaba algo más.

Downing miró a Ostlet a los ojos grandes y redondos (Rebecca no había bromeado al hablar de la protuberancia y la extrusión de los óculos de color azul luminoso de Ostlet), y ahora se acuerda de que estaba teniendo problemas para dormir, de que los ojos *se le quedaban abiertos, como por voluntad propia*, y si no hubiera estado tan cansado todo el tiempo quizá le habría importado un poco menos, pero a la fatiga y los dolores de cabeza se unía la realidad de su ceguera inminente, y ya hacía tiempo que le fallaba la vista, y en Inglaterra esos problemas eran una cosa, pero le preocupaba lo que pudieran comportar en África.

Downing le pasó el brazo flaco por el pecho a

Ostlet y se enroscó los pelos de su pecho en torno a un dedo.

—Necesitas un *asistente* —le dijo, y se ofreció para sumarse a la expedición de Ostlet si éste lo deseaba.

Le sugirió que los dos juntos se lo pasarían *en grande* en África, que él podía echarle una mano a Richard en cualquier asunto para el que necesitara asistencia, que no sólo podía escribir a su dictado, sino también ayudarlo a, en fin, *relajarse*, y fue entonces cuando Ostlet se levantó inexplicablemente de un salto de la cama de Downing.

Dijo que lo sentía, que acababa de acordarse de una cita importante a la que ya estaba llegando tarde, y le aseguró a Titus que lo visitaría la semana siguiente antes de marcharse, y mientras Downing veía a su amante vestirse apresuradamente a la luz de la luna, entendió de inmediato que lo había perdido.

Downing ya conocía la existencia de la mujer, la antigua alumna, la guapa y joven botánica que vivía en Londres, y mientras oía a Ostlet salir a toda prisa por la puerta y bajar la escalera, atravesando su taller de taxidermia, y mientras la puerta de entrada tintineaba risueñamente para dejar salir a Ostlet, Titus Downing extendió su cuerpo delgado y desnudo sobre el sitio caliente de la cama donde había estado Ostlet y olió por última vez su fragancia sobre las sábanas, y a esto se debe que el taxidermista se haya visto afligido en los meses posteriores; la melancolía de la marcha repentina de su amante le ha resultado *casi insoportable*; ahora que no tiene a Richard Ostlet, a Titus Downing ya sólo le queda en la vida un hermano perdido que tiene un trabajo anodino en las Hébridas Exteriores. Y unos padres pobres que viven de su granja en Northumberland y que también están en el umbral de la muerte; se ha quedado solo.

Downing, a quien nunca antes se le había presentado la oportunidad de llorar la muerte del amor, sollozó aquella noche por Ostlet como si estuviera llorando por la humanidad entera, y *no podía saber* que, pese a todos sus llantos, unas semanas más tarde, en África, un cerdo hormiguero de gran tamaño extendería su lengua larga como una soga por el interior de un túnel para sorber a las termitas que había allí, ni que sentiría cómo éstas le salpicaban los gruesos bigotes, que le protegían los ojos, la nariz y la boca como si fueran púas diminutas; ni que luego echaría a caminar con primor, pero también con paso firme, sobre las puntas de sus dígitos, con la cabeza inclinada y rozando con el hocico la dulce tierra del suelo; ni que a continuación ese animal se embarcaría, a solas —porque los cerdos hormigueros siempre viajan solos—, en una expedición de muchos kilómetros por la oscura noche africana, en busca de más comida, deteniéndose únicamente para escuchar por si oía amenazas ocasionales, hasta toparse de golpe con un apuesto y astuto cazador africano al que, a pesar de sus largas orejas, no había oído acercarse.

Porque si el cerdo hormiguero hubiera oído el más pequeño susurro, se habría metido con facilidad en algún túnel o se habría excavado rápidamente un escondrijo, una madriguera defensiva, pero el cazador ya estaba en el monte, con la lanza lista, y el gigantesco cerdo hormiguero, con las orejas echadas hacia atrás y la cola pesada como un saco, sólo pudo experimentar la descarga del dolor cuando la lanza le entró por el costado y le atravesó corazón, pulmones y estómago, y sólo entonces se metió en un túnel, sangrando escandalosamente.

El cerdo hormiguero hundió sus anchas zarpas en el suelo como si fueran dos anclas, lo que obligó al cazador a meterse a tientas por el oscuro túnel, sacudiéndose las termitas de los brazos, chillando de dolor por sus mordeduras, estornudando para sacárselas de la nariz, hasta que por fin oyó al animal gruñir de dolor y consiguió agarrarlo de la gruesa cola, y le hicieron falta *horas* de tirar del cerdo hormiguero herido para sacarlo de su hábitat, una técnica no muy distinta de la que usa un pescador para sacar del mar un pez de gran tamaño, y cuando por fin el cazador lo consiguió, no fue por mérito propio; el cerdo hormiguero había perdido demasiada sangre. Estaba débil, ya no podía agarrarse bien al suelo, y cuando el cazador le dio un tirón de la cola con todas sus fuerzas y el cerdo hormiguero por fin emergió del hoyo del suelo, ya estaba medio inconsciente y había dejado de sentir miedo.

Durante la noche, dos cazadores lo transportaron a hombros en una lona, encogido sobre el lomo, con las patas delanteras —plantígradas— colgando de los costados, y las traseras —digitígradas— estiradas hacia el cielo, y aunque por entonces Downing no se lo podía haber imaginado, sí que lo hizo ahora: era así como le habían presentado el cerdo hormiguero a Ostlet.

Se imaginó a Richard recolocándose las gafas, intentando en vano ver lo mejor posible al cerdo hormiguero, pero en última instancia dependiendo de los ojos de su joven asistente, un estudiante suyo del Departamento de Ciencias Naturales de Edimburgo que la noche siguiente, después de que el cerdo hormiguero fue sacrificado respetuosamente y su carcasa colgada a secar, después de que se hirvieron sus huesos y todo fue embalado con papel marrón y preparado para mandárselo a Titus Downing, rechazó las insinuaciones sexuales de un hombre unos cincuenta años mayor que él y casi ciego.

Quizá, conjeturó Downing, a fin de cuentas fuera el pesar por su decisión de *no* haberse llevado con él a Titus lo que provocó que Richard, ciego y solo, se quitara la vida; y está tan enfrascado en esa idea mientras termina de preparar el cerdo hormiguero y apaga la lámpara de gas, mientras sube la escalera y se acuesta, que no presta atención a la figura extraña y oscura que ha aparecido hace unos minutos al otro lado del escaparate de su taller, caminando de un lado a otro bajo las doce cabezas de ciervo.

Después de que Toby y tú acordéis saltaros la cena, pagas la cuenta y vais a tu Tahoe, ocupáis los dos asientos delanteros y empezáis a montároslo. Los dos os volvéis locos, manoseándoos las caras, y aunque ya sabías que los periodistas te debían de estar buscando, no tienes ni idea de cómo te encuentran tan deprisa, de que deben de haber estado escondidos a la vuelta de la esquina de la Brown, Lake & Peterson Company; en cualquier caso, aquí están, un bullicio enorme de reporteros de la prensa, un surtido de paparazis, y cuando se ponen a vociferar, cuando sus flashes empiezan a centellear, Toby chilla y a ti también te entra el pánico, arrancas el Tahoe y te alejas por la calle.

—¡*Frena*, estás haciendo que la cosa parezca *peor*! —te está gritando Toby.

Y tú le contestas también a gritos:

—¡Cállate, sé lo que hago! ¿*Quién* está en el ojo público? *¡¿Quién?!*

Y eso hace callar a Toby Castle. Por lo menos hasta que llegáis a Asher Place, donde varios fotógrafos más avistan el Tahoe y salen en tromba del parque infantil como termitas de la madera vieja. Y no se parecen en nada a esos tipos de trajes elegantes y cámaras con bombillas enormes que has visto en las películas antiguas; estos tipos van en *chándal*, joder, llevan *chándales* baratos de colores chillones, y tienen bolsas de gimnasio baratas del Target, y todo el dinero se lo han gastado en cámaras digitales caras y en los espráis de gas pimienta que llevan en las bolsas, y Toby vuelve a chillar cuando uno de ellos se planta de un salto delante de tu coche y se pone a vociferar: «¡Alex! ¡Congresista Wilson!», y dispara su flash, y antes de que te puedas meter en el garaje del 2486 de Asher ya están todos iluminando la parte trasera del Tahoe con sus fogonazos.

—¡El cerdo hormiguero! —te chilla uno, como si hablara de Beyoncé o algo parecido, y a punto estás de atropellar a otro cuando golpeas el botón que abre la puerta del garaje, pisas el acelerador y escoras el Tahoe para meterlo en el aparcamiento. Una vez dentro, vuelves a golpear el botón de la puerta como si lo odiaras.

—¡Dios bendito, joder! —grita Toby.

—Ya lo sé —murmuras. Pero estás en casa—. Bueno, ya se ha acabado —dices.

Te disculpas con Toby por la locura que reina ahí fuera y le juras que se acabará pronto, y te alegras mucho de tenerla contigo esta noche, y mientras le dices estas cosas a tu amiga Toby Castle te das cuenta de que te las estás empezando a creer.

—No lo digo por *ellos* —replica Toby—. ¡Lo digo por ti! ¿Qué es eso que tienes en el maletero, Alex? ¿Es el puto cerdo hormiguero?

Pues sí, claro que es el puto cerdo hormiguero, le explicas, la poli te ha dejado que te lo quedes hasta que se resuelva el asunto del permiso, ¿y qué problema hay? ¡Está disecado!

Estás mintiendo. Sabes mejor que ella que *sí es un problema*, que lo único que necesita hacer el agente Anderson para obtener el nombre de Greg Tampico es encontrar al tipo de FedEx que te trajo el cerdo hormiguero, y, reconozcámoslo, Anderson tiene *muchas posibilidades* de conseguir el nombre, porque *ya te ha pedido* que le des el número de FedEx que venía con la entrega, por mucho que sepa que no se lo vas a dar; *anda, mira*, parece que lo has perdido, le dirás; y será entonces cuando el agente Anderson se ponga a hacer pesquisas en la oficina central de FedEx sobre *rutas* y sobre ciertos repartidores con gafas y barba, y mientras te llevas a Toby Castle de los confines del garaje a tu casa adosada, de pronto te sientes desesperadamente en peligro, en plan: *sí que es un problema* dejar el cerdo hormiguero en el Tahoe porque no has tenido ocasión de examinarlo bien, ¿y qué pasa si Greg Tampico ha metido algo dentro?

Te está entrando el pánico. Lo sabes.

Sabes que te está entrando el pánico.

Coges una linterna de un estante y le dices a

Toby que vaya al piso de arriba sin ti, que te reunirás con ella dentro de un momento, y vuelves al garaje, abres el maletero del Tahoe y enciendes la linterna.

El pelaje de color claro del cerdo hormiguero reluce bajo la luz intensa, cubriendo una piel gruesa de color rosa amarillento. Las orejas largas son sedosas y lisas como el papel de fotocopiadora, y el hocico, aunque endurecido por el paso del tiempo, conserva una textura como de goma. Buscas a tientas por debajo del vientre una costura o algo fuera de lo normal, pero no hay nada. Al contrario, mientras acaricias al cerdo hormiguero tienes que admitir que resulta *bastante agradable*, y eso te sorprende y te inquieta un poco, y empiezas a entender por qué le gustaba tanto a Greg Tampico: visto de lejos, el cerdo hormiguero es horripilante, pero cuando te acercas es un animal bastante bonito, y de repente te hace sentirte extrañamente *bien*: la expresión que tiene en la cara, con la cabeza gacha y ladeada, no es nada *fea*, es *coqueta*; y hasta sonríes un poco cuando le pasas las manos entre las suaves orejas y por la frente y lo miras a los ojos, pero en ese momento tus manos se detienen.

Iluminas con la linterna los ojos del cerdo hormiguero y te parece ver que son... ¿azules?

Pues sí. Son unos ojos claramente azules, y nunca has oído hablar de un *cerdo hormiguero de ojos azules*, ni tampoco has sentido ese escalofrío de familiaridad que sientes ahora.

Es un *déjà vu*, como si estuvieras viendo algo emocionalmente familiar pero intelectualmente desconocido, y plantado en tu garaje oscuro y caluroso de la planta baja, mientras Toby Castle ya está desnudándose en el cuarto de baño de arriba, cepillándose los dientes y arreglándose la ropa interior, el pelo, la fragancia y el maquillaje, acicalándose para el acto sexual, te preguntas cómo es esto posible cuando la mayoría de los mamíferos de la naturaleza, tal como recuerdas por las clases de la señorita Sline, tienen los *ojos castaños*, de forma que estos ojos azules deben de ser alguna clase de *anomalía*, pero lo cierto es que hacen que el cerdo hormiguero resulte familiar, piensas, como si albergara alguna clase de conciencia. Pero ¿qué *clase*?

Alan Brickmann. Tenías diez años. Alan Brickmann tenía doce y fue vecino tuyo durante nueve meses, antes de que su familia se mudara a un sitio sin costas llamado Grand Island, Nebraska. Tenía una hamaca de algodón en su jardín, que el padre de Alan había colgado demasiado alta, de manera que para llegar a ella tuviste que descalzarte y trepar por el tronco del árbol, pero una vez acurrucado en ella estabas tranquilo, no te veía nadie, y Alan Brickmann, con una constelación de granos en la frente, te empujó las puntas de los pies con las suyas. Te dijo que tenías que practicar tus besos, y cuando empezaste ya no te dijo nada más. Le tocaste el cuerpo con las manos, moviéndolas en círculos sobre su ropa mientras lo besabas como si supieras lo que estabas haciendo, y sin embargo de alguna forma lo sabías, el conocimiento era innato (no estaba en la tele), pero Alan sólo tardó un momento antes de abrirse la bragueta, sacarse la polla y cogérsela con la palma de la mano, y allí, en la suave penumbra, pareció que estuviera agarrando tres malvaviscos.

Le dijiste que no, que eso era *asqueroso*, y te largaste de allí, te fuiste corriendo a casa, y ahora, en la oscuridad de tu garaje del 2486 de Asher Place, con los paparazis fuera y Toby Castle en el piso de arriba, esa tristeza que rodeaba a Alan Brickmann y que la expresión del cerdo hormiguero ha conseguido evocar... te sorprende. Es una vieja carga, una carga que has llevado encima durante veinticinco años y que creías haber olvidado, y sin embargo ahora te florece en el pecho como un hongo recién brotado, y lo único que puedes hacer con ella es intentar compartirla con alguien, dividirla.

Pero la única persona con la que quizá podrías compartirla, piensas mientras cierras a tu pesar el maletero del Tahoe y bloqueas la cerradura, ni siquiera se parece a la persona que tú querrías.

Faltan cinco días para la exposición. Hace una noche calurosa de agosto. Una luna redonda brilla taciturna sobre el Leam, el río que discurre desde

Northamptonshire hasta Warwickshire arrullando todas las noches a las casi veinte mil almas que todavía habitan en la plácida población intermedia de Royal Leamington Spa.

A solas en su dormitorio, Titus Downing oye el agua del río. No duerme. Está completamente despierto, acostado encima de su cama en ropa interior, porque hace demasiado calor para acostarse en otra parte, y la cama de Downing es grande, con dosel y cuatro postes, y el mismo día que la compró colgó sobre ella unas largas cortinas de terciopelo de color berenjena. Cada vez que toca las cortinas le recuerdan que, aunque no es rico, tampoco es pobre como sus padres en Northumberland.

Esta noche tiene las cortinas abiertas de par en par, y aunque está convencido del éxito del cerdo hormiguero, y de todo lo que se avecina, las noches previas a las exposiciones siempre son un suplicio. No hay ruido de fuera que no le atormente los sentidos. Sabe que no va a poder dormir, y escucha afligido el susurro constante del agua que baja de la presa de Jephson Gardens, el *ladrido* solitario de un sabueso, el *clop, clop* regular de los caballos sobre los adoquines, las palabrotas esporádicas de los borrachos que cantan meciéndose en torno a las columnas de piedra de los Royal Pump Rooms and Baths, los viejos y famosos baños de aguas curativas de antaño que luego resultó que no curaban a nadie.

Quizá Downing se sentiría más cómodo si no le hubiera llegado hace dos días una carta de Rebecca Ostlet.

Lady Ostlet se ha enterado de la exposición por la prensa de Londres, y debido a que no tuvo ocasión de darle las gracias en persona a Downing por ayudarla en una época en que necesitaba mucha ayuda, y debido a que la bestia en cuestión, el *Orycteropus afer*, fue la última pieza que obtuvo su marido —cuya «esencia», por cierto, ya ha abandonado del todo Gloucester Walk—, ha decidido que le gustaría ver en persona ese tal «cerdo hormiguero», y por tanto avisa a Downing de que se prepare para su visita, e incluye una posdata: ¿quizá habría sitio también para las Brontë?

Downing cambia de postura varias veces en su cama, preocupado por Rebecca Ostlet, sus tres perros peludos y lo que sea que la mujer vaya a traerse consigo.

Porque, aunque fueron muchas mujeres a ver la jirafa de Downing, ésta era obviamente demasiado grande para exponerla *dentro* del taller, de forma que se presentó *fuera*, y ahora, en la cama, a Downing se le ocurre que ninguna mujer ha cruzado *nunca* el umbral de su taller de taxidermia, y cualquier placer que pudiera haber sentido antaño al imaginarse a mujeres desmayándose frente al cerdo hormiguero ha dado paso a la conciencia de que *van a entrar en su taller para verlo*, y Downing advierte que, aunque las demás le preocupan menos, no se puede quitar de la cabeza la imagen de la guapa *señora Ostlet*, con su cinturita estrecha, paseando sus delicados dedos femeninos por los pellejos de animales, cogiendo sus pegamentos, sus pinceles o sus pinzas; y se la imagina manoseando su preciado cuchillo de peletero, sus frascos de cristal de laca, su esencia de perla, y, por Dios, si Downing ya tarda bastante en volver al *jiva* de un animal cada vez que lo interrumpe un repartidor, *Dios sabe cuánto tardará* en volver a sentir el taller como suyo después de que haya pasado por él una mujer.

La idea lo inquieta tanto que a las diez y veinte Downing ya no lo soporta más, se levanta de un salto de su cama con dosel y baja la escalera en busca de algo para comer. Saca de la despensa una bolsa de galletas saladas, una lata de carne en conserva, y, apoyado en la puerta de su despensa, mordisqueando de forma nauseabunda sus vituallas, oye el lento susurro de un borracho al otro lado de la puerta de su taller.

No es la primera vez que los borrachos de Leamington se alejan del río. De vez en cuando se encuentra a hombres adultos durmiendo en su entrada, bajo las cabezas de ciervo, a veces incluso por la mañana, de forma que ahora Titus Downing escucha, esperando oír a un hombre desplomarse contra su puerta, un ruido que ha oído a menudo, pero no se oye nada por el estilo. El borracho sigue su camino. Y sus pasos suenan *extraños*, como si estuviera arrastrando algo tras de sí, y a Titus Downing lo recorre un escalofrío.

Escucha cómo el caminante se aleja y espera a que desaparezca del todo, porque cuando lo haya hecho, Downing podrá regresar a su cama del piso de arriba; así pues, le causa gran aflicción comprobar que el ruido *no desaparece*, al contrario: aumenta de intensidad. El borracho, piensa, *ha dado media vuelta*. En un abrir y cerrar de ojos ya está caminando otra vez frente al taller, y luego regresa el silencio.

¿Qué puede hacer Downing en su pequeña cocina a oscuras?

Cuando el ruido se vuelve a reanudar, y es un eco *muy característico* de tacón y suela raspando contra los adoquines, Downing sabe de inmediato que lo ha oído antes, que no es ningún borracho; que cada vez que su amigo se marchaba de su piso en plena madrugada *siempre* se oía el tintineo de las campanillas de la puerta seguido de esta misma música, y no le cabe ninguna duda de que los pasos que está oyendo ahora son los pasos de Richard Ostlet, que está recorriendo las calles con aquellas botas altas de cuero que llevaba día y noche, un ritmo desigual por culpa de sus pasos inciertos —culpa de los ojos, nictalopía—, y Downing, que no se ha olvidado en ningún momento de que Rebecca le contó que había visto a Richard caminando de un lado a otro delante de su casa de Gloucester Walk, ahora está petrificado en la despensa, con la cabeza gacha y las manos pegadas a las puertas de madera cerradas, y está esperando a que la aparición se canse de pasear y se marche, y se quedará toda la noche donde está si hace falta, porque ¡ahí estaba el miedo! ¡Inundándole la garganta!

Es incapaz de obligarse a sí mismo a moverse ni a salir al frente del taller y plantarse a la sombra de sus bestias disecadas para ver con sus propios ojos el fantasma que sabe que hay allí, con las manos etéreas pegadas a los cristales del escaparate, mirando con la cara vendada hacia la trastienda, porque la puerta se ha quedado abierta, una trastienda donde se puede ver con claridad un enorme *Orycteropus afer* sobre una mesa de trabajo, también petrificado en posición de caminar, con la pezuña-zarpa delantera en alto, la cabeza gacha, las largas orejas enhiestas y alertas, y jactándose de sus nuevos ojos de color azul brillante, lacados y relucientes.

Sobre los ojos del cerdo hormiguero cuelgan sus gruesos párpados, cuyas pestañas Downing ha acicalado una por una esta misma mañana con unas pincitas para que los espectadores le vean la expresión *coqueta*, de flirteo, y a Downing no le queda más remedio que esperar así el momento en que Ostlet —o lo que quede de él— por fin *se aleje* del taller, arrastrando sus botas altas esta vez para marcharse.

Sólo entonces reúne Downing el valor para

meterse en el taller. De debajo de la camisa de dormir se saca la llave de latón que lleva siempre encima colgada de un cordel para cerrar a cal y canto la puerta, cosa que hace con las manos temblando.

Es lunes por la mañana. El Congreso no ha reanudado las sesiones. Ni tú tampoco. Estás sentado desnudo en la cama con Toby Castle, y los dos tenéis los portátiles abiertos como bocas grandes y resplandecientes y las piernas todavía entrelazadas bajo las sábanas Sferra Milos de color hueso y 1.200 hilos (1.695 dólares) cuando coges el teléfono.

Aunque la Fox ha bloqueado la noticia, ya tienes 2.345 mensajes de texto y 3.509 e-mails sin leer, dado que parece que la puta Nancy Beavers ha experimentado una subida.

DETENIDO EL CONGRESISTA ALEXANDER P. WILSON (R), declara el *Washington Post*, declara el *New York Times*, declara el *Wall Street Journal*, declaran el *LA Times*, el *Boston Globe*, el *Chicago Tribune*, la CNN, la NBC, el *HuffPost*, Google News y hasta la BBC y el *Guardian*, todos lo declaran, y tienes cuatro *hashtags* que son *trending topic* en Twitter, el más cruel de los cuales es #Wilsonfuera. La Fox y sus pequeñas cadenas afiliadas lacayas, gracias a Dios, están informando sobre un macaco Rhesus que le ha tirado mierda a un demócrata de Wisconsin en el Zoo de Sacramento;

pero, aparte de eso, las fotos con el cerdo hormiguero que la policía te sacó en comisaría, y las que los periodistas te hicieron de la parte trasera del Tahoe, están en todas partes, y de pronto han dado paso a fotos del cerdo hormiguero alternadas con fotos de la puerta de entrada del 2486 de Asher Place —pintada de verde British Racing Car, de Ralph Lauren, y con una aldaba victoriana de cobre en forma de cabeza de león—, que es la puerta de tu casa.

Enciendes el televisor Samsung de pantalla ancha de 75 pulgadas 4K Q9F serie UHD con HDR (3.999 dólares) de tu dormitorio y miras cómo una morena de mediana edad con traje pantalón de color caléndula, el pelo corto y moldeado en forma de caparazón marrón, le ladra a un micrófono:

—No me interesa hablar de la vida personal de Alex Wilson. Mi campaña está por encima de esos discursos. Pero todos sabemos que el congresista Wilson es conocido por su amor al despilfarro, y si lo que quiere es decorar su casa de los dispendios con taxidermia, es decisión suya, como norteamericano que es. En última instancia serán los votantes quienes decidan si quieren mantener en el cargo a un congresista que usa una especie en vías de extinción como objeto decorativo.

Buscas inmediatamente en Google «¿cerdo hormiguero en vías de extinción?» y te enteras de que existe una cosa llamada ranking de peligro de extinción, y que el cerdo hormiguero tiene un riesgo de extinción «bajo», y que ese bicho a prueba de bombas ya llevaba paseándose por la Tierra una puta *eternidad* antes de que llegaran los seres humanos; apareció en el puto Mesozoico y *nunca ha evolucionado*, ¡y en realidad es una de las especies con menos peligro de extinción del planeta!

Los seres humanos se matarán todos entre ellos y desaparecerán, y millones de otras criaturas desaparecerán también con el tiempo y cada cual a su manera, pero seguramente el cerdo hormiguero no se extinguirá *nunca*, y enterarte de esto te pone furioso; no porque despierte en ti ninguna humilde conciencia de tu propia fragilidad mortal y absurda (que la despierta), sino porque es obvio que la puta Nancy Beavers ha plantado esta pequeña mentira para provocarte, para ponerte a la defensiva, para hacerte hablar del cerdo hormiguero, y lo último que quieres ahora mismo es hablar del cerdo hormiguero.

—Deshazte de él —te dice Toby, y parpadea aparatosamente—. Tíralo al Potomac. Di que lo has perdido.

Toby está intentando parecer lista, pero lo único que consigue es estar guapa, y ni siquiera se ha cepillado los dientes, pero *huele* a guapa, piensas, no como Greg Tampico, que siempre se despertaba oliendo raro y a calor animal, como la ternera poco hecha, y mientras admites en silencio para ti mismo que preferías *de largo* el olor a carne de

Greg Tampico al perfume de Toby Castle, se te materializa ante el lóbulo frontal una salida maravillosa para todo este desastre.

Toby Castle y tú os vais a poner ropa limpia. Ropa de aspecto relajado. Como si acabarais de volver de la playa. De pasar juntos el fin de semana. Vais a abrir la puerta verde de casa y os vais a abrazar, saludando con la mano a los periodistas, y entre sonrisas os vais a dar un beso y a saludar un poco más. Y entonces anunciaréis que os habéis prometido.

Contaréis al público que el cerdo hormiguero fue un *regalo de compromiso* mal pensado, y nada más, y que os han aconsejado que lo devolváis, pero os estáis planteando quedároslo porque tú —a diferencia de la *señora Beavers*, les dirás— eres un cargo electo; prefieres dedicar tu tiempo a trabajar para el pueblo del Gran Estado de Virginia, y en estos momentos estás volcado en crear empleo, y quieres *darle* al pueblo la oportunidad de encontrar y comprar su propia cobertura sanitaria, por una cuestión de *dignidad*, porque Ronald Reagan tenía razón cuando dijo que «el primer deber de un gobierno es proteger a la gente, no dirigir sus vidas», ¡y mirad lo que pasa cuando conseguimos las cosas gratis, ja, ja!

Y a continuación formularás un quiasmo tortuoso que no tiene sentido pero suena bien, una frase que tu equipo estaba reservando para tu siguiente debate: «A fin de cuentas, nadie puede influir en lo que le dan, pero sí puede dar algo que influya a los demás». Y luego, con voz dulzona, añadirás: «Toby me recuerda esto *a diario*», les dirás, con una sonrisa enorme, y en ese momento arrancará oficialmente tu campaña de reelección.

Te pones de rodillas. Llevas el cuerpo desnudo envuelto al estilo griego con tus preciosas sábanas, y le has cogido a Toby las manos, que son livianas como croissants.

—*Cásate conmigo* —le dices, y enarcas las cejas de una forma juguetona que aprendiste en la escuela privada y a la que ninguna mujer puede resistirse; el mismo gesto que te permitió aprobar literatura inglesa y cálculo y te hizo salir airoso de varias ausencias no justificadas, un incidente con una pintada y hasta un comité de integridad del alumno en el que un chaval te acusó de atacarlo, pero te fuiste de rositas porque el chaval era gordo y corrían los noventa.

No hay exclamaciones de alegría.

A Toby se la ve sobresaltada, pero en absoluto sorprendida. Al principio se te queda mirando como si estuvieras loco, pero es puro teatro; sabe perfectamente lo que te propones porque, en cuanto lo entiende, sonríe y se echa a reír, y por eso adoras total y perdidamente a Toby Castle.

—¡Mejor todavía! —grita, y se levanta de la cama de un salto.

Toby te dice que te des prisa. Que te vistas. Te dice que bajará dentro de un momento, que sólo necesita cogerte prestados unos pantalones caqui y una de tus camisas blancas de botones, y que puede ponerse los pendientes que llevaba anoche, dice, y sí, quedará supermona si va de andrógina, sin arreglar, «como Jackie O. recién bajada del yate o algo así», dice, y te pones por completo en sus manos mientras le vas pasando la ropa. Menos los pantalones caqui.

—No tengo pantalones caqui —le confiesas.

—Pues otra cosa —te dice.

Le pasas unos pantalones de hombre CK azul marino ajustados y de mezclilla de seda (460 dólares).

En cuanto a ti, también te vistes de CK para la ocasión: los mismos pantalones en marrón, una camisa rosa de cuadritos (210 dólares), cinturón de cuero blanco (184 dólares), y te dejas deliberadamente el cuello sin abotonar mientras bajas corriendo descalzo la escalera, emocionado, y te suena el teléfono fijo.

Ni siquiera *tendrías* línea fija si no fuera por tu madre. Es la única que la usa, e insiste en que la tengas porque es vieja y no se fía de los móviles.

—¿Quién es? —grita Toby.

—Es mi madre —gritas también, y coges el teléfono.

Pero no es tu madre.

—Wilson —dice una voz.

—¿Quién habla? —dices mientras Toby Castle enciende tu secador de pelo en el piso de arriba, un secador iónico profesional para caballero Mangroomer 1680XL-6 (179 dólares), lo cual es raro, piensas, porque ya tiene el pelo seco.

—*¿Quién habla?* —repites, y te sientas en el sofá victoriano de terciopelo amarillo canario, con el ejemplar de *Imágenes de la grandeza* todavía sobre la mesilla de café abierto por una foto de Ronald Reagan y del papa Juan Pablo II en Miami, acomodados en unas sillas de tela de aspecto árabe realmente preciosas...

—Hazme un favor —dice la voz, y es una voz de hombre—. ¿Te funciona internet?

—Sí —respondes.

—Te estoy mandando una cosa. Mira tu correo.

Coges tu teléfono de verdad, y encabezando tus ya 4.333 e-mails sin leer hay uno mandado por un remitente anónimo. Lo único que dice es *Herero*.

—¿Herero eres tú? —preguntas, y la voz sólo te dice que mires la imagen, de cerca, así que la miras.

Es una fotografía antigua en blanco y negro del interior de una especie de cabaña de cazadores de gran tamaño con mesas de pícnic anchas. Es una cabaña literalmente tan grande como un cine, y hay una chimenea enorme de piedra que se eleva entre unas ventanitas de vidrio de colores, y el vidrio, que está emplomado, ilumina una enorme amalgama de pieles, piezas artísticas, porcelana, joyas y juegos de té de plata, y todo parece robado, como si fuera una especie de botín, y por las paredes y encima de las mesas también hay un gatuperio de taxidermia: gansos y patos disecados, un mapache con cara de mal genio, un leopardo enorme con la boca abierta, un babuino gruñendo, numerosas cabezas estoicas de wapití, y hasta hay un águila entera, de alas desplegadas y paralizada en pleno vuelo.

Debajo del águila, en el suelo y hacia el lado derecho, hay un enorme cerdo hormiguero disecado y montado sobre un recio bloque de madera. Tiene la cabeza un poco gacha, las orejas largas en actitud de alerta, y está mirando de lado al fotógrafo con una zarpa ligeramente levantada; y al pie de la fotografía, escritos a mano, están la supuesta fecha y el lugar: «1944, Reichsjägerhof Rominten».

—El cerdo hormiguero —dices, y el hombre te confirma que sí, que es el cerdo hormiguero. Pero eso no es todo.

—¿Pues *qué* más? —inquieres.

—Es la cabaña de caza de Hermann Göring.

—Göring —dices, como si fuera una palabra sin sentido—. Göring. ¿El mismo apellido que Göring el nazi?

—No, *el mismo apellido no* —replica el hombre—. El cerdo hormiguero era propiedad del padre de Hermann Göring, Heinrich. Heinrich Göring fue el primer gobernador general del Protectorado Alemán de África del Sudoeste. Lo que ahora es Namibia.

—Namibia —dices.

—Era el líder de las Schutztruppe, las tropas alemanas que exterminaron a los pueblos herero y namaqua, en lo que se considera comúnmente el primer genocidio del siglo. Heinrich le regaló el cerdo hormiguero a Hermann cuando se graduó de una academia militar de Lichterfelde...

«Dios mío —piensas mientras el hombre habla—, el cerdo hormiguero de Tampico es nazi», y tratas de ubicar la voz del individuo; jurarías que la has oído antes, ¡pero por más que lo intentas no te acuerdas de dónde!

—En serio —dices—. ¿Quién *habla*? —Y es entonces cuando Toby Castle baja grácilmente la escalera, adorable y como nueva.

Te pregunta con quién hablas y el hombre cuelga en cuanto la oye.

—¿Qué pasa? —pregunta Toby, toqueteándose un pendiente.

—Nada —le dices, y te levantas del sofá. Sonríes. Le das un apretón cariñoso en las manos, la coges del codo y los dos juntos abrís la puerta verde de la entrada, la que tiene la aldaba de cobre en forma de cabeza de león; y entonces, saludando con la mano a la horda de periodistas, a todo el público de Norteamérica, haces tu anuncio.

—Se descubrió el pastel —dices, sonriendo y saludando con la mano—. El cerdo hormiguero era un regalo de compromiso, nada más —explicas.

Todo ha sido un enorme malentendido, y todo

el mundo puede estar tranquilo porque no pasa *nada*, no hay problema *alguno*, y entonces le das un beso en la mejilla a Toby Castle, con actitud dócil, aceptando de buen grado los flashes y los obturadores simultáneos de un millar de cámaras Canon digitales de formato pequeño y sumergibles que ahora mismo están eclipsando el parque infantil, en el centro del cual, colgando precariamente con las rodillas de la estructura de barras, se encuentra el niño negro y gordito de ayer, que, sin que tú te dieras cuenta, se quedó en tu puerta después de que se la cerraras en las narices, divisó fugazmente al cerdo hormiguero y ahora sabe con exactitud qué tiene que hacer para volver a verlo.

«¡Damas y caballeros, vengan a ver la nueva obra maestra de Titus Downing! ¡El cerdo hormiguero africano! ¡Sólo por una noche! ¡Sólo disponible para aquellos que tengan la valentía de participar!», declara el *Evening Standard*, y aunque en el pasado Downing disecó una jirafa entera, plasmando con exactitud su *jiva*, haciendo que todo el mundo que la viera *se sintiera jirafa*, sintiera el balanceo de su cuello desgarbado, los dientes largos en busca de hojas de acacia y las articulaciones rígidas como nudillos de sus rodillas, todo eso *no es nada*, sigue diciendo el periódico, comparado con lo que va a sentir la gente cuando por fin le ponga la vista encima al cerdo hormiguero.

En los pocos días que han pasado desde que Downing oyó por primera vez el lento arrastrar de pies de lo que imaginó que era sir Richard Ostlet bajo las cornamentas de los ciervos, ha trabajado duro en preparar su taller para la exposición, lo cual significa:

Enrollar la piel del tigre de Bengala en forma de cilindro enorme, grueso y peludo y almacenarla en un tonel de madera igualmente grande. Limpiar y lubricar las tronadas mesas de trabajo de madera de pino, organizar los pinceles desperdigados, sacar brillo a todos los cuchillos, tijeras y hasta pinzas de diversas longitudes y puntas. Quitarles el polvo a los frascos de cristal llenos de fluidos. Barrer y fregar los suelos y limpiar todas las ventanas. Y todo esto lo hace Downing, sin ayuda de nadie, antes de colocar en su escaparate principal las mejores piezas de su colección personal, que son cuatro gansos disecados, tres perros, una selección de peces y conejos y una colección de zorros y raposos de aspecto asustadizo, en el centro de los cuales pone a su preferida, recuerdo de la Exposición Universal de Hyde Park: la resplandeciente zorra de color gris topo y hocico elegante y enhiesto.

Los zorros están dispuestos alrededor de la hembra de tal manera que parece que la estén protegiendo —es algo que Downing cree que gustará a las mujeres—, y cuando lo tiene todo listo, cuando ha terminado, el taxidermista regresa a su taller para dedicar el resto del día a un pequeño encargo de una familia local.

En la mesa de trabajo tiene a un simpático schipperke de color carbón, un perrillo faldero de diez años con una cola que parece una escobilla para chimeneas y orejas de murciélago, y aunque normalmente a Downing lo aburren estos encargos, los perrillos muertos le han dado de comer desde hace veinte años, y debe de haber disecado más perrillos falderos que ningún otro animal, de forma que ahora el amigable schipperke le supone justo la distracción mecánica que necesita para no pensar en la exposición del día siguiente, en las hordas de periodistas y coleccionistas, y en los grupillos de gente que representan al público general; ni en la llegada de Rebecca Ostlet, que ahora Downing está convencido de que pululará por su taller antes de ver al cerdo hormiguero, señalando, no le cabe duda, lo nobles y elegantes que se ven todas las criaturas del escaparate, pero que, cuando llegue el momento, con ese susurro jadeante que usan todas las mujeres, dirá: «¡Aun así, no se puede comparar con Walter Potter!»; y el schipperke ayuda a Downing a no preocuparse por Walter Potter ni por cuánto dinero gana, pero, por encima de todo, el perrillo negro ayuda a Downing a no pensar en el hecho innegable de que ya ha visto pasar frente a su taller en tres ocasiones, y a plena luz del día, el cuerpo de sir Richard Ostlet, con los ojos vendados y las botas altas de cuero *resonando*.

Downing, el científico, es incapaz de aceptar con el intelecto lo que han visto sus ojos, ni siquiera cuando le está cepillando los juguetones muslos al schipperke al llegar la hora del almuerzo y se le erizan los pelos del cuello. Ni siquiera cuando siente que las botas de cuero se han detenido una vez más delante del taller. Que están allí.

Fuera, sir Richard Ostlet ha plantado la cara vendada en mitad del escaparate, justo delante de la zorra, y Downing, todavía encorvado sobre el perro en su mesa de trabajo, no tiene valor para admitir la posibilidad siquiera remota de que ese ser que hay *ahí fuera* sea de otro mundo. Porque aunque ha leído a Voltaire, como todo hombre culto, y está de acuerdo en que «todo en la naturaleza es resurrección», y hasta se ha planteado la probabilidad de haber estado en el mundo, tal como declaró Goethe refiriéndose a sí mismo, «en un millar de ocasiones previas», y aunque Downing, si se lo pides, te puede citar de memoria los versos del famoso poema de Moore *Lalla Rookh*, «De cuerpo en cuerpo pasa con premura / el alma inextinguible hacia su meta», también él, como todo hombre culto, sabe bien que la reencarnación no es *magia*, que existen límites, que el *jiva* está o bien *samsara* (atrapado), o bien *moksha* (liberado), y que aunque la mayoría de las almas están condenadas a repetirse a sí mismas infinitamente con el objeto de despojarse de sus pesadas capas de *karma*, el *jiva*, el alma, el... ¿cómo llamarlo?, ¿la esencia eterna de la vida?, no es *magia*, carajo, y Downing no tiene ninguna paciencia con la gente que cree en fantasmas y apariciones, y opina en cambio que no existe nada más que lo que vive en esta fría Tierra, que no hay nada más hasta la muerte, momento en el cual la vida puede regresar una vez más tal como aparece en la taxidermia, y, para ser sinceros, Downing tiene bastantes ganas de que se acabe todo este asunto del cerdo hormiguero, hay que decirlo, de que el cerdo hormiguero se convierta en un problema ajeno, de que esa «esencia» pueda seguir al animal hasta otra ciudad, perseguir su mirada a través de otras tierras, e incluso es posible que Downing cierre su taller y se retire a la granja de su padre en Northumberland; que se marche de Royal Leamington Spa para convertirse en lo que, en el fondo, siempre ha sabido que era: un simple granjero.

Y a todo esto se debe que Downing no haga caso de la figura que hay plantada fuera y en cambio se dedique a pensar en arar campos mientras da forma al ano rosado del schipperke, aguantándole la cola, y a todo esto se debe que tampoco haga caso a las campanillas de la puerta, si es que las oye.

Y a lo mismo se debe que no haga caso de la figura que ahora entra en su taller, camina despacio hasta la trastienda y abre la puerta chirriante;

y ni siquiera le hace caso cuando se detiene —y ahí sigue, detenida— justo detrás de él, con el pecho apoyado en sus hombros de pajarillo, respirándole un aliento humano cálido y húmedo en la nuca.

No puedes saber que Brian Castle, el magnate multimillonario del sector tecnológico y padre de Toby, está mirando la CNN cuando ve a su única hija cogida de tu brazo, sonriente y saludando con la mano a las cámaras. No puedes saber que, al ver esas imágenes y el teletipo que pasa anunciando SE COMPROMETEN EL CONGRESISTA ALEX WILSON Y LA HIJA DE BRIAN CASTLE, el hombre endereza la espalda en la silla de su escritorio y dice: «Mierda». Ni que coge el teléfono. Ni que ha estado leyendo las noticias y lo sabe todo de tu detención, de tu posesión ilegal de un cerdo hormiguero disecado, ni que jamás le has caído bien, de hecho, nunca le han gustado los políticos en general, de ninguna clase ni orientación, de manera que va a poner fin a todo esto de inmediato. Lo único que necesita es encontrarle a ese Wilson algún trapo sucio, y sospecha que no va a ser difícil hacerlo, y realmente no lo va a ser.

Las noticias han mencionado el nombre del agente que ha efectuado la detención, el agente Ernest Quinlan Anderson, y a Brian Castle le resulta pan comido averiguar que el agente Anderson trabaja en la comisaría del primer distrito, y es que Brian Castle puede contactar con quien quiera, y en menos de cuatro minutos ya ha encontrado al agente Anderson.

—Ernie Anderson —dice el agente Anderson cuando coge el teléfono.

Brian Castle, que tiene sesenta y un años y hace diez que sobrevivió a un cáncer de piel, no es un hombre que pierda el tiempo. Pregunta por el cerdo hormiguero y pregunta de dónde cree Anderson que lo ha sacado Wilson, pero el agente le explica que no sabe mucho más de lo que ya ha salido en prensa: que el cerdo hormiguero se lo entregaron al congresista Wilson por FedEx, y de hecho lleva toda la mañana al teléfono con la compañía de transporte.

—Supongo que no me puede decir si ha descubierto algo —pregunta Brian Castle, y Anderson, que se la sigue teniendo jurada a Wilson, confiesa que de momento ha averiguado poco porque el teléfono del congresista estaba completamente bloqueado, y que lo único que sabe es que la entrega se hizo en el 2486 de Asher Place ayer por la mañana, 2 de agosto. Aunque Wilson *afirma* que fue FedEx, parece que la empresa no puede localizar al repartidor, dice Anderson. Ni tampoco puede localizar el número de doce dígitos de FedEx, lo cual es extraño; y *existe la posibilidad* de que el paquete lo depositara alguien en persona en el buzón nocturno de reparto que hay en Eisenhower Avenue, de Alexandria, dice, ya que es el único centro de envío de FedEx que permite depósitos en persona de paquetes tan grandes, pero también es el centro de envío con las valoraciones de atención al cliente *más bajas*, y que le aspen si no ha intentado sacarles algo, lo que sea, a los dos heroinómanos de veintidós años que trabajaron en el turno nocturno de hace dos noches, y que son quienes deberían haber presenciado cómo se depositaba allí el paquete.

—Estaba a punto de acercarme en persona —dice Anderson, e invita a Brian Castle a acompañarlo, y éste le dice que vale, que sí que va.

Los dos hombres acuerdan encontrarse allí al cabo de menos de dos horas, y así es como empiezan a confluir fuerzas. Pero tú no puedes saber que las fuerzas ya están confluyendo mientras te dedicas a saludar a las cámaras, mientras Toby Castle agita la mano, mientras le das un beso en la mejilla a Toby y sonríes de oreja a oreja como no has sonreído nunca, sin dejar de saludar con la mano, desde la entrada de tu casa, hasta que oyes un chillido agudo y casi primitivo, y miras más allá de las cámaras hasta ver al niño negro y gordito que hace un momento estaba colgando cabeza abajo de la estructura de barras, pero que ahora, perdiendo la estabilidad por culpa del peso de su panza, se ha caído al suelo con los hombros por delante.

El niño, al estamparse contra el suelo, ha caído un poco ladeado. O sea, *de cabeza*.

Los fotógrafos corren todos en su auxilio, y al cabo de unos segundos gritan:

—¡Congresista Wilson! ¡Llévelo adentro! —Y ahora recae en ti la presión para que metas a ese niño gordo e idiota *en tu casa*.

Eres un profesional. Por mucho que no seas generoso, eres un profesional, que sabe que siempre hay que *parecer* generoso, y has tenido que trabajar durísimo toda tu vida para parecer lo generoso y abierto que pareces ahora, mientras los fotógrafos recogen al niño del suelo y lo cargan en brazos, como si fuera Cristo, hasta tu puerta.

—Carajo, pero si no está sangrando ni nada —se te escapa.

Pero los reporteros y los paparazis no te oyen; se limitan a seguir disparando los flashes mientras meten al niño por tu puerta verde con la aldaba de cobre en forma de cabeza de león, todo retransmitido en directo por televisión; lo llevan hasta tu sala de estar y lo dejan en tu sofá victoriano de terciopelo amarillo canario, y Toby va a la cocina y pone bajo el grifo un montón de tus caros sacos de harina mientras el niño *se retuerce en tu sofá*, aullando de dolor, y todo el mundo está desquiciado, atendiéndolo como si fuera un apóstol herido, buscando a su madre fuera, preguntando si hay alguien con él, pero la madre ha dejado que el niño saliera a jugar solo al parque, y, francamente, ¿quién hace *eso* hoy en día?

—¿Cuántos años tienes? —le preguntan los reporteros, sin parar de fotografiarlo.

—Diez —les dice el niño. Tiene diez años.

—¿Cómo te llamas? —le preguntan, y el niño dice que se llama Elijah pero que todo el mundo lo llama Vicky porque cuando tenía tres años se comió un frasco entero de Vicks VapoRub.

—¡Aaaauuu! —aúlla el niño.

Le duele el cuello *muchísimo*, y aunque Vicky es el centro de atención, y aunque Toby Castle se ha arrodillado junto a Vicky para aplicarle los sacos de harina mojados a modo de compresa fría, el interés de todo el mundo no está ni en Toby Castle ni en Vicky: todos están esperando ver cómo vas a interactuar tú, el congresista Wilson, con un niño negro herido que tienes en tu casa. En plan: ya saben que vas a estar incómodo, pero quieren ver *cómo de incómodo*, y por un momento parece que todos se van a olvidar del cerdo hormiguero, lo cual te parece bien hasta que Vicky se incorpora hasta sentarse un poco.

—¿Dónde está el *cerdo hormiguero*? —dice.

Sabe lo que es un cerdo hormiguero porque se lo han enseñado en la escuela. Va a quinto curso. Quiere verlo, dice, y está claro que este crío, decides, con el recuerdo todavía fresco de cómo le cerraste la puerta en las narices ayer, es un pequeño... y malicioso... *hijoputa*.

Vicky se acuerda de todo. De que el cerdo hormiguero lo trajo un tipo de FedEx, dice, y de que *ese hombre* no le quiso dejar verlo (y te señala a ti, a ti), y de pronto los periodistas están sacando fotos del niño sentado en tu sofá y señalándote, y esto está quedando mal, *pero que muy mal*, y además está pasando *en directo*, y no tienes ni la más remota idea de qué hacer, de cómo sacar a toda esta gente de tu casa, hasta que aparece en la puerta un hombre negro de metro noventa y cinco, que llena todo el umbral, elegante como un caballo y con su equipaje a cuestas.

Ha llegado Olioke.

—¡Todo el mundo fuera! —grita.

—¡Congresista Olioke! —exclaman los periodistas, encantados, mientras él los empieza a echar a todos por la puerta—. ¿Tiene algún comentario sobre el cerdo hormiguero?

Y Olioke, que Dios lo bendiga —y te prometes a ti mismo que a partir de este momento, y pase lo que pase, vas a *amar* literal y perdidamente a Olioke—, ni siquiera los mira mientras les contesta con calma:

—Por supuesto que *no*.

Y así es como tu casa se queda vacía de nuevo, salvo por ti, Toby, Olioke y el niñato hijoputa, que no se ha movido del sofá y ahora está pidiendo con cara de angelito que le traigan patatas fritas.

—Yo me encargo del crío —dice Toby mientras Olioke deja su equipaje en el suelo.

—¿Dónde está? —te pregunta, y llevas a Olioke por la escalera que baja al garaje.

Abres el maletero del Tahoe.

Le enseñas la cosa que ocupa el maletero y el asiento de atrás.

Olioke mira el cerdo hormiguero. Está tranquilo, y es que Olioke siempre lo hace todo con absoluta calma, habla claro y llano, nunca levanta la voz ni usa jerga, ni siquiera contracciones, y debes reconocer que te sientes mejor ahora que tienes a Olioke a tu lado que en las veinticuatro horas anteriores, desde que llegó el cerdo hormiguero a tu puerta.

—La posesión de este cerdo hormiguero —te dice— te expone a violar la ley federal porque fue cazado ilegalmente. —Y continúa explicándote que ha visto el cerdo hormiguero por televisión y que conoce toda su historia, y que por eso te ha llamado al teléfono fijo, porque era más *seguro*, ¡y es entonces cuando te das cuenta de que la voz del teléfono era la de Olioke!

—¡Eres tú quien ha llamado antes! —exclamas.

—Tienes que deshacerte de él —te dice.

Y, despacio y con calma, te vuelve a explicar la historia de los herero y los namaqua: que todo empezó después de que el emperador de Alemania Guillermo II recibiera el poder de manos de Otto von Bismarck, tras lo cual el káiser, que no era conocido por su paciencia ni por su tacto, y en contra de lo que le aconsejaban sus ministros, invadió África del Sudoeste, saqueó sus recursos y mandó allí a Heinrich Göring y al general criminal Lothar von Trotha, que primero intentó colonizar la región y luego, después de una revuelta, asesinó salvajemente al pueblo de Olioke, que eran más de *cien mil almas*, y que los bisabuelos del propio Olioke fueron supervivientes del genocidio...

Todo esto es nuevo para ti. Porque, pese al hecho de que compartes tu casa adosada con Rutledge y Olioke cuando el Congreso está en sesión, y a menudo los oyes jugar al parchís y comer sándwiches de manteca de cacahuete en la planta baja, riendo con sus trajes baratos y bebiendo cervezas light en tu cocina, nunca te has unido a ellos, y has hablado muy poco con Rutledge o con Olioke durante los seis meses que lleváis compartiendo casa (algo que no habrías hecho *jamás* si no te hubieran presionado tus superiores, para ganarte su favor), y lo único que sabes de Rutledge es que es un demócrata de New Hampshire que hace mucho ejercicio (levanta 130 kilos en la banca), y que tiene mujer y cinco hijos a los que va a visitar a una granja todos los fines de semana; y lo único que sabes de Olioke es que es un republicano de Rhode Island que compra en Goodwill, que tiene mujer y cinco hijas y que él también se marcha a verlas cada fin de semana a una casita de campo de mierda a orillas de un lago de mierda, y que es negro —afroamericano—, aunque nunca supiste que era afroamericano *de los de África*, y hasta este momento has tenido poco espacio mental para ese continente, pero ahora te da la sensación de que África te rodea por todas partes, y no puedes evitar acojonarte un poco por el hecho de que la fundación de Greg Tampico trabajaba *en Namibia*, y que Olioke es de Namibia, tal como te explica ahora con pelos y señales:

—Es sabido —dice Olioke, y así es como habla realmente el tipo— que Heinrich Göring llevó un cerdo hormiguero disecado a África en algún momento de finales del siglo diecinueve. También *es sabido* —sigue diciendo— que Göring y los alemanes *asesinaron a gente*, que pusieron en marcha el terror que continuaría con Von Trotha, el hombre que expulsó a los antepasados de Olioke de sus tierras, los atrapó en el desierto y no les dio agua. O bien la envenenó.

»Los alemanes —explica Olioke— establecieron en África del Sudoeste una serie de "campos de trabajo" experimentales que resultaron ser "eficaces"; esos campos —continúa— sirvieron de modelo a Hitler poco después. A lo largo de tres años, los alemanes asesinaron a más de noventa mil herero y a más de diez mil namaqua, y este cerdo hormiguero, dice Olioke, es un símbolo de las brutalidades del pasado de su país.

Levanta el cerdo hormiguero por el soporte. Debajo, grabada en una esquina de la madera, hay una pequeña figura geométrica, una cruz gamada, y no necesitas que te lo confirme Olioke para entender qué es.

—¿O sea, que le tienes miedo? —dices, y Olioke te dedica una sonrisa de lástima, como si no pudieras evitar ser tonto.

—Al contrario —dice—. Los herero creen que para luchar contra la opresión tienes que ponerte la piel de tu enemigo. Si te la pones, reduces el poder del opresor, te apropias de él.

Cuando Olioke dice esto se te escapa una son risita. No lo puedes evitar. Nunca te has sentido cómodo con todos esos temas serios como la *opresión* y el *genocidio*, y aunque no tienes razón alguna para no creer a Olioke, la idea de que haya una *tribu cualquiera de Namibia* que conoce la historia del cerdo hormiguero gigante disecado de ojos azules que ahora mismo está encajado en el maletero de tu Chevy Tahoe en el garaje de las casas unifamiliares de Asher Place, Foggy Bottom, te hace gracia, te provoca la risa floja, y es entonces cuando Olioke, bien versado en tu inmadurez y en la de tu gente, saca de golpe su teléfono.

Te enseña una foto de un grupo de modernos herero, vestidos con una especie de ridículos atuendos victorianos.

—Los herero se toman *muy en serio* lo de llevar la piel de su enemigo —dice Olioke, y mira a esos hombres, te dice, todavía hoy van vestidos con la ropa de sus opresores, van de cadetes alemanes, y mira a esas mujeres vestidas con recargados vestidos victorianos fabricados con telas africanas, repletos de mangas abullonadas y corpiños; y cuando miras los disfraces de los herero, la imagen te recuerda de inmediato a Ronald Reagan, a la enorme colección de ropa de imitación del expresidente que has amasado en tu vestidor del piso de arriba y que nadie en la faz de la Tierra ha visto en su totalidad:

Tienes las mismas corbatas anchas de seda que Reagan. Los mismos alfileres de corbata relucientes. Los mismos pañuelos de seda. Tienes su mismo chaleco elegante de seda dorada, sus mocasines, negros y brillantes, varias de sus camisas Oxford con sus puños franceses característicos, sus jerséis de cachemir con cuello de pico, sus pijamas azul celeste y, por supuesto, su albornoz de Bill Blass, que es tu prenda favorita. En tu armario también cuelga el abrigo largo de lana negra de Ronald Reagan, que llevas en invierno. Para el trabajo diario llevas su gabardina de color marrón claro. Sus pañuelos de seda son del color del semen —también los llevas—, y aunque no has montado a caballo en tu vida, tienes la misma camisa de vaquero de color azul claro que llevaba Reagan, el mismo sombrero de vaquero de paja y una colección creciente de artículos que usarás cuando te compres el rancho de 278 hectáreas en Virginia que esperas adquirir un día porque te recuerda al Rancho del Cielo de 278 hectáreas que tenía Reagan en Santa Bárbara, y te preguntas quién lo ha entendido todo al revés. ¿Tú o los herero? ¿Qué hay que llevar puesto, la ropa de tu enemigo o la de tu héroe?

Hay una palabra que ha usado Olioke y que te hace sospechar que eres tú quien está equivocado. Es la palabra *pieles*.

Siempre has creído que si te vestías de Ronald Reagan te *convertirías* en Ronald Reagan, pero ahí plantado en tu garaje, con tus pantalones de seda de Calvin Klein y tu camisa de botones de cuadritos rosa, de pronto te sientes patético. De plástico. La versión barata de tienda de todo a cien de Ronald Reagan, y Ronnie *nunca* habría llevado eso que llevas tú; mirar a Ronald Reagan, te dijo una vez en tono nostálgico un estadista de edad avanzada, era como mirar un árbol en otoño; y Olioke tiene cara de *saber ya todo esto*, de saber más de ti de lo que sabes tú mismo, pero reconozcámoslo: si tuvieras que empezar a llevar las pieles de tu enemigo, te tocaría empezar con un puñetero traje pantalón de color caléndula.

Y, damas y caballeros, eso no va a pasar *jamás*.

Así que vas a aceptar esa realidad. A fin de cuentas, no eres africano. Olioke tiene a su «pueblo» y tú tienes tu índice de popularidad, que seguramente ha caído en picado en un solo día. Lo único que tienes es *Verdades como paines*, una misiva confeccionada cínicamente a base de estadísticas de sondeos. Tienes tus planes de casarte con Toby Castle, de cometer el acto nihilista de plantar tu semilla en su útero, de usar a Toby Castle para cambiar tu perfil de candidato soltero al de padre de familia, lo cual con un poco de suerte pondrá en apuros a la puta Nancy Beavers, pero el cerdo hormiguero de ojos azules sigue en el maletero de tu Tahoe, y ahora más que nunca parece estar burlándose de ti, así que ha llegado la hora, decides, por fin, de tomar cartas en el asunto del puto cerdo hormiguero.

—¡Toby! —gritas, y subes corriendo la escalera de vuelta a la sala de estar.

Vicky sigue tumbado en el sofá, como un pequeño villano feliz, zampándose unas Lay's que Toby le ha conseguido de alguna parte, pero a ella se la ve cambiada, está al teléfono con su padre, te dice llevándose el dedo a los labios, y cuando cuelga te mira, pálida.

—¿Quién es Greg Tampico? —te pregunta, y te enseña el teléfono.

En el teléfono de Toby Castle hay una fotografía de un hombre blanco y atractivo, joven y en forma, con una mata de pelo rubio colgándole sobre la frente, posando con un grupo de apuestos hombres africanos vestidos con ropa victoriana, que ahora sabes que son los herero.

Están en alguna parte de Namibia. Greg Tampico tiene las manos apoyadas en los hombros de sus niñitos, y una sonrisa ancha y boba en la cara.

No lo entiendes. A Tampico no se lo ve triste en absoluto. Se lo ve feliz, feliz *como una perdiz*, mucho más feliz de lo que has estado tú en tu vida, y ahí, al frente de la imagen y en el centro, está el regalo que le han hecho los herero a Greg Tampico:

un cerdo hormiguero gigantesco disecado y montado profesionalmente.

No hay duda de que es tu cerdo hormiguero. Y no sabes cómo debió de recorrer todo el camino de vuelta desde la demencial cabaña de caza prusiana de Hermann Göring hasta Namibia, pero lo recorrió, porque los herero de la foto le están regalando el cerdo hormiguero a Tampico como agradecimiento por haberles suministrado asistencia médica a sus niños durante tantos años, y se trata de un regalo muy importante, cargado de significado, y aunque Toby se pone a acribillarte a preguntas acerca de vuestra relación, y a preguntarte de qué conoces *exactamente* a Greg Tampico, que todo el mundo sabe que es uno de los mayores maricones del D. C., empieza a crecer en ti la tristeza que te produce haberlo perdido. O sea, *no esperabas sentirte así*, pero es como te sientes, y se trata de eso que los escritores han llamado durante siglos *melancolía*, pero como no lees libros, tu lenguaje es limitado; no puedes articular eso que sientes más allá de la palabra *triste*: de repente te sientes, en fin, muy *triste*, porque no vas a acostarte nunca más sobre la enorme piel de cebra en el dúplex de King Street, y te preguntas si volverás a reírte alguna vez con la misma libertad y naturalidad con que lo hacías siempre que Tampico te bajaba juguetonamente la bragueta con los dientes, rascándote con la barbilla rasposa la piel suave de la barriga, cuando Vicky deja sus patatas fritas y señala el teléfono de Toby.

—Ese hombre es raro —dice.

—Calla —le espeta Toby—. Tu madre está de camino.

Pero tú le pides que espere, que lo deje terminar.

Vicky tiene diez años. Sólo miente cuando habla de deberes y de comida, y ha visto al hombre del teléfono antes, insiste, lo vio ayer, al lado del parque infantil de delante de las casas adosadas de Asher Place, y era un hombre *raro*, dice Vicky.

—¿Raro por qué? —le preguntas.

Vicky se encoge de hombros.

—No sé, *raro* —dice, y suelta una risita mientras les cuenta a los dos congresistas y a la mujer rubia que vio a ese mismo hombre sentado al volante de una camioneta de FedEx, poniéndose una barba larga y falsa y, añade Vicky, unas gafas... de culo de vaso... *superraras*.

La máscara mortuoria queda *divina*, piensa Downing a la mañana siguiente mientras acicala al cerdo hormiguero para la exposición. Está *listo*, está *radiante*, sus párpados se ciñen maravillosamente a los ojos azules y blancos de Ostlet, y por debajo tienen unas bolsitas de piel que parecen pequeñas hamacas, un toque muy sutil pero que le confiere, tal como intuye correctamente Downing, su expresión de amor.

Ésta es la belleza que buscaba el taxidermista: de entrada, el cerdo hormiguero parecía un verdadero desastre de la biología, pero debido a que ha sido perfectamente recreado en su estado natural, en plena cacería, como si estuviera golpeando un montículo de arena con una zarpa, con la espalda profundamente arqueada, la cabeza gacha y las orejas enhiestas y alerta..., y debido a que Downing, hay que decirlo, *ama a Ostlet*, y a que su forma de colocar los párpados refleja ese amor..., ahora el cerdo hormiguero despliega una expresión de seguridad en sí mismo, de amarse a sí mismo a pesar del aspecto que tiene para los demás, y también hay una pizca de valentía en su *jiva*, esa valentía que tan sólo nace de la humildad resultado de la sabiduría verdadera, y de la que disponen los ancianos de cualquier especie, y es la misma forma exactamente en que el propio Titus Downing, que tiene cuarenta y un años, contempló anoche a su amante ciego.

Los dos yacieron juntos bajo las cortinas de terciopelo color berenjena de su cama. Richard ya no podía verlo. Pero Titus le hizo recordar lo que solía ver.

—Dickie —le dijo con un suspiro, y le hizo cosquillas con los dedos a Richard en el esternocleidomastoideo.

A continuación, pegó el costado de la cara al redondo y cálido *pectoralis major* de Richard y se la deslizó sobre el esternón; le hundió la nariz larga y puntiaguda a su amante en el ombligo y le besó el suave montículo de vello gris del pubis antes de meterse su prepucio en la boca y sostener con los labios el glande fláccido, las fascias subcutáneas, y mientras Richard gemía de placer puro, a Titus Downing se le despertó el apetito. Más tarde dijo que estaba *hambriento*, y Richard le indicó que se levantara y se vistiera, y dejó que Titus lo llevara abajo, donde, ya acostumbrado a cocinar medio ciego, apañó con las verduras que le quedaban a Downing en la despensa un ligero estofado veraniego de cebollas, judías verdes y calabacines, y fue la primera vez desde la infancia de Downing en Northumberland que alguien que lo quería le preparaba la comida.

Los dos se sentaron a comer codo con codo, con los brazos entrelazados, y Downing supo de inmediato que aquello era, debía ser, lo que tanta gente denominaba *felicidad*...

Y a eso se debe que la mañana de la exposición el taxidermista deambule por su taller en semejante estado de estupor feliz. Ya es casi la hora, el cerdo hormiguero está terminado, piensa, y el taller preparado, cuando llaman a la puerta y entra el antiguo compañero de habitación de Downing y afamado especialista en prótesis Harold Skinner, que ha llegado de Londres con el mismo pulcro bigote de herradura de siempre, y que va a desempeñar el papel de subastador.

Siguiéndole los pasos entra la compañía teatral, compuesta de seis chavales con leotardos de color rosa amarillento, orejas de conejo de papel maché en la cabeza, zarpas también de papel maché en manos y pies, y sus disfraces no se parecen *en nada* a los que les dibujó Downing; los chavales, que han llegado con dos horas de antelación y medio borrachos, no se han tomado su tarea en serio, y sus máscaras de hocico largo se ven lo bastante chapuceras como para parecer incluso un poco indecentes.

Downing los manda afuera a que se les pase la borrachera y a ensayar, y la compañía le obedece riendo, soltando ronquidos porcinos y azotándose extemporáneamente entre ellos; y es por culpa de su desmesurado buen humor de esta mañana por lo que Downing sólo duda *fugazmente* de que la compañía pueda dar la talla; de la posibilidad de que esos ridículos cerdos hormigueros falsos le estropeen la atmósfera especial del cerdo hormiguero, que Downing ha instalado en el centro mismo de su taller para la exposición que ha de empezar a las dos en punto, cuidadosamente puesto bajo el haz alargado de luz del sol natural británica que él sabe muy bien que aparecerá.

De hecho, durante las dos horas siguientes, mientras empieza a formarse una cola de gente fuera, debajo de las doce cabezas de ciervos disecados, la mente de Downing está en otra parte: en el piso de arriba, con su amante ciego que lo espera desnudo en la cama, acostado bocabajo porque eso le alivia los ojos, poniéndose lentamente una venda sobre las cuencas oculares, que aceptó enseñarle a Downing la noche anterior.

Downing encendió una vela y la acercó a la cara de Ostlet, que por lo demás se veía igual: el mismo mentón cuadrado de cazador, la misma nariz chata de niño y los carrillos gordezuelos y redondos como alfileteros de señora. Pero por encima de todo, a la luz parpadeante, había dos nuevos vacíos espectrales, impactantes tanto por su tamaño como por su color, y que a Downing le recordaron al instante una cueva cubierta de musgo que solía explorar de niño en Northumberland.

La cueva, húmeda y oscura, estaba en Pauperhaugh, y sólo la encontrabas si recorrías la ribera entera del río en dirección opuesta a su granja, hasta adentrarte en el bosque, y daba la impresión de ser un peñasco al que le hubieran vaciado la parte central. Un día a media tarde, después de terminar sus tareas, el pequeño Titus decidió esconderse allí con su libro, como solía hacer, hasta la hora de la cena. Apartó el musgo de la entrada y se metió en la cueva; sin embargo, mientras empezaba a leer a la luz de una vela, tuvo la sensación de que no estaba solo, oyó una respiración, y aunque no podía ver nada sospechó que era de un animal, porque tenía un olor dulzón a limo, y cuando levantó la vela y escrutó la oscuridad se materializó el contorno de una niña, cubierta de barro y acuclillada.

Estaba desnuda, abrazándose las piernas con

las manos y dedicándole a Titus una sonrisa extraña, como si fuera la primera vez que sonreía. ¡Y luego le apagó la vela de un soplido!

Lo último que él vio fue su cabello, que parecía un nido de pájaro que le hubieran pegado a la cabeza.

Titus, que tampoco era precisamente un dandy con su ropa de granjero y sus pequeñas botas de trabajo, sintió miedo en la oscuridad. El aire frío le heló las piernas. Cuando extendió la mano para dirigirse a la salida, la niña se inclinó hacia delante, abrió las fauces anchas y oscuras, y le *mordió*. Le atrapó la mano derecha con los dientes y no se la soltó, y fue una mordedura muy profunda, entre los nudillos, que le hizo sangre —todavía hoy figura la cicatriz desigual, aunque pálida, en la mano del taxidermista—, y después de probar la sangre se puso a sollozar, con un gimoteo que se convirtió en un largo aullido inhumano, y el pequeño Downing nunca había oído nada parecido, aquello parecía un animal encerrado en una piel humana, y mientras huía de la cueva para no volver nunca más, con los oídos pitándole, sintió un dolor nuevo y desgarrador en la mano, y a lo largo de los años volvería a sentirlo de forma esporádica.

Lo sintió cuando por fin se mudó de Northumberland a Oxford; cuando se despertaba en Oxford, con los exámenes finales acechando, gritándole a Harold Skinner en plena noche; cuando asistió a la Exposición Universal de Hyde Park y escuchó al señor Darwin presentar un arte nuevo llamado *taxidermia*, un término, explicó Darwin, que significaba la «disposición de la piel» de una bestia.

En cuanto Downing abrió su taller de taxidermia en Leamington Spa y colocó las doce cabezas de ciervo adulto frente a la entrada, ya se sintió más seguro. Creía haberse olvidado de la niña, pero al mismo tiempo no lo había hecho; la niña simplemente se le había trasladado de la mano al corazón, y si el talento de Downing tiene algún secreto, debe de ser éste: que la niña lo acompaña cada vez que se entrega a su oficio, en pos de esa sensación cruda y animal que lo ha de ayudar a recrear el *jiva*. La niña vive *en él*, y cuando anoche contempló las cuencas oculares oscuras y del color de la carne muerta de Richard, a Downing le sorprendió encontrarse con que parecían dos enormes bocas abiertas y con que la niña regresaba una vez más a él: la boca abierta y negra, el aroma a musgo de la cueva, el aire frío helándole las piernas... El dolor de antaño le invadió la mano derecha, y, por consiguiente, también la niña tiene parte de culpa de que al taxidermista le importen tan poco los chavales borrachos de la compañía teatral, que en estos momentos están desgranando a pleno pulmón una canción que se acaban de inventar titulada *Las zorras y las pollas*.

—¡A trabajar, cerdos hormigueros! —les grita mientras va llegando más gente, y los chavales se ponen a brincar frenéticamente, a cuatro patas, hurgando con los hocicos en los adoquines, y no se parecen nada a cerdos hormigueros, y entretanto la multitud se bifurca, formando dos largas colas que arrancan de la puerta del número 24 de Victoria Terrace, en el cruce de Bath Street con Terrace Leam.

Ha empezado, lo cual quiere decir que se ha terminado. En el piso de arriba la tele está vociferando que *les acaba de llegar una fotografía* y que EL CONGRESISTA ALEXANDER PAINE WILSON TIENE UN CERDO HORMIGUERO NAZI, y no te hace falta mirar el televisor para saber que la foto de la cabaña de caza de Hermann Göring, la que muestra al cerdo hormiguero, está en todas partes, de manera que le echas un vistazo al móvil, donde ya tienes 5.063 mensajes de texto y 8.292 e-mails sin leer, y no necesitas mirar más para saber que tu índice de popularidad está kaput.

—Toby —dices—. Toby, escucha.

—¿De qué conoces a Greg Tampico? —vuelve a preguntar imperiosamente, y a punto estás de decírselo, pero no...

Porque sigues sin saber si Vicky *vio realmente* a Greg Tampico ayer por la mañana en la camioneta de FedEx, si *de verdad* era Tampico disfrazándose, y, francamente, parece poco propio de él, porque a Tampico se le daba muy mal, *demencialmente mal*, mantener en secreto las sorpresas. Una vez, por ejemplo, planeó darte una sorpresa por tu cumpleaños llevándote a practicar esquí acuático por el Potomac, pero no pudo aguantar hasta el desayuno siquiera para contártelo, de manera que si fue *realmente* Tampico quien entregó el cerdo hormiguero, piensas, no habría tardado ni un momento, o por lo menos no habría tardado tanto, en reírse del chiste, a estas alturas ya te habría mandado por lo menos un *mensaje de texto* o algo así, habría buscado y descargado un estúpido *emoji de cerdo hormiguero*, y por eso, mientras empiezas a balbucearle banalidades a Toby para darte tiempo a recordar, para que tu memoria regrese a ayer por la mañana en la entrada calurosa del 2486 de Asher Place, cuando nada funcionaba, sigues sin estar convencido, y sólo te acuerdas de que la barba del repartidor era ciertamente rara, de que sus gafas eran ciertamente gruesas y de que el físico general del repartidor sólo podría pasar *muy vagamente* por el de Greg Tampico, pero quién sabe, no podrías decirlo con seguridad, y tampoco te preocupa lo que dice de ti el hecho de que lo reconocieras o no.

No tienes *ni idea* de por qué el padre de Toby, Brian Castle, le puede haber mandado a Toby la foto de Greg Tampico, y así se lo dices. Lo único que puedes contarle al respecto es que conociste a Tampico en un evento benéfico, y, sí, admites torpemente que el cerdo hormiguero *podría* habértelo enviado él, pero no lo sabes seguro, y esto se lo *juras por lo que quiera*, y entretanto llega a tu puerta la madre de Vicky, que es delgada y guapa.

La madre de Vicky no llama antes de entrar. Ni siquiera te mira, ya no digamos darte las gracias. Mira a Olioke y le da las gracias *a él* —no tienes ni idea de por qué—, y el hecho de que la madre de Vicky te obvie y acuda directamente a Olioke te hace sentir, de forma un poco vil, a la defensiva. Y Toby Castle está diciendo que «esto no está bien», y que «aquí hay algo que no está bien», pero Olioke, bendito sea Olioke, no le ha dicho ni pío a Toby de los herero ni de lo que sabe de Greg Tampico, de modo que, mientras él trata con la madre de Vicky, le diriges una frase de agradecimiento, en plan *gracias, colega*, pero él se te queda mirando sin decirte nada. Y detrás de su mirada inexpresiva hay un atisbo de inocencia. Inocencia *forzada*, como si te estuviera escondiendo de forma deliberada algo en relación, con lo cual tiene que parecer inocente, y es entonces cuando caes en la cuenta, subrepticiamente:

Olioke está filtrando fotos a los medios de comunicación. La última la podría haber filtrado hace un momento, mientras se te acercaba por detrás, procedente del garaje. Porque ¿quién más, aparte de Olioke, sabe lo de la cabaña de caza? ¿Quién más conoce la historia entera del cerdo hormiguero, quién *lo sabe todo* de esa puta foto de Tampico en la que le están regalando el cerdo hormiguero en Namibia? Pero ¿por qué, *por qué* te estaría haciendo una putada así Olioke?, te preguntas, y le dices a Toby que *espere, que espere un momento, joder*, que le explicarás lo de Greg Tampico si se espera, pero ella no te cree. Ya está harta.

—Hemos terminado —te dice—. Espero que todo te vaya bien, Alex.

Toby pone la espalda muy recta, y tiene una postura perfecta, como si ya se hubiera olvidado de ti y estuviera lista para conocer a otro.

Y sale de escena Toby Castle, largándose por la puerta a largas zancadas sin acordarse de ti ni de que lleva puesta tu ropa, y la siguen de cerca Vicky y su atractiva madre, ella arrastrando al crío por la escalera y el crío berreando sin parar: «¡El *cerdo hormiguero*! ¡Quiero ver el *cerdo hormiguero*!», hasta que se cierra la puerta de tu casa y se oye el chasquido de un millar de obturadores procedente de las cámaras de los reporteros, de los paparazis, que ahora parece que ocupan la manzana entera.

Te das la vuelta para mirar a Olioke.

—¿Has filtrado tú esa puñetera fotografía nazi? —le interrogas.

Olioke no dice nada. Entra en tu cocina y saca la mantequilla de cacahuete. Se pone a buscar su cuchillo de pelar moteado de óxido.

—¿Dónde está mi cuchillo? —te pregunta.

—A la mierda tu cuchillo —le dices, y subes a tu dormitorio pisando fuerte, de una manera que no habías recreado desde los trece años.

Te sientas en tu colchón.

Tu colchón es un Kluft Palais Royale king-size de diez capas (32.878 dólares) confeccionado con cinco kilos de cachemir, angora, seda y lana, y pegando las palmas a él, haces acopio de valor, coges el mando a distancia y enciendes el televisor Samsung para ver los cargos de los que se te acusa.

Seguramente has violado la ley Lacey. Seguramente eres simpatizante nazi. Estás (o estabas) comprometido con Toby Castle, cuyo padre, Brian Castle, se hizo rico montando un negocio que ayudaba a las empresas del sector tecnológico a llevarse todos los puestos de trabajo al extranjero.

Aparece en pantalla una fotografía de Vicky en tu sala de estar, una foto tomada hace como *siete minutos*.

A la gente le trae sin cuidado tu supuesta amabilidad con Vicky; lo único que le importa es el sofá victoriano de terciopelo amarillo canario en el que está tumbado el niño. Porque al parecer, aunque sólo pagaste unos mil novecientos dólares por él, *vale más de doce mil*, ¿y qué congresista en su primera legislatura, está preguntando ahora mismo la puta Nancy Beavers, se puede permitir un lujo así?

Por lo tanto, pese al hecho de que durante los tres años que llevas en el Congreso has aprobado más legislación que ningún otro republicano en su primera legislatura, de que has asegurado 55 millones de financiación para Virginia, de que el presidente de la Cámara te ha llamado «trabajador esforzado» y «estrella emergente», de que has aparecido en el programa de Fallon para hablar de tu régimen de ejercicio, y hasta has figurado en una lista de «congresistas sexis» de BuzzFeed, te toca añadir otra acusación al montón. Se ha formado un comité de vigilancia para *hurgar en tus finanzas*, y cuando hurguen lo bastante, y está claro que lo van a hacer, desenterrarán un verdadero bufet de irregularidades, todas ciertas: es *verdad* que le vendiste la casa de tus padres, la casa en la que creciste, a un importante donante republicano por mucho más dinero del que valía para comprarte una mansión victoriana unifamiliar superpija en Foggy Bottom, y es *verdad* que le has cargado al contribuyente la imperdonable cifra de varios cientos de miles de dólares en vuelos privados y muebles de roble de lujo para tu casa y para la oficina, y cuesta explicar *por qué* lo hiciste, pero simplemente sientes que *el mundo te lo debe*, y es como si estuvieras aceptando dinero de Norteamérica igual que un hijo lo acepta de un padre que no le dio amor, y está claro que el cerdo hormiguero de Tampico irá quedando olvidado cuando en las semanas próximas se forme un comité del Congreso, Hacienda te requise las cuentas bancarias y un grupo de hombres vestidos con *monos de trabajo negros o algo parecido* lleguen al 2486 de Asher Place trayendo varias cajas de cartón mucho más grandes que la caja del cerdo hormiguero, suban la escalera hasta tu vestidor y empaqueten y se lleven tu colección entera de ropa idéntica a la que usa Ronald Reagan en *Imágenes de la grandeza*.

Sentado a solas en tu Kluft Palais Royale, con el aroma de la vagina de Toby Castle todavía emanando de las sábanas, ya poco importan tus logros. Todo lo que has hecho. Ya no tendrás tu aeropuerto. Y aunque el nombre *Alexander Paine Wilson* quedará grabado para siempre en alguna parte del ano atascado de la historia, no dejarás más legado que este incidente mediático, que dentro de seis meses ya no recordará nadie porque todo se acabó antes de que pasara nada.

Miras el teléfono, donde tienes 9.491 mensajes de texto y 12.722 e-mails sin leer. Tecleas las palabras «cerdo hormiguero» en la barra de búsqueda.

Aparecen más de diez mil veces.

Tecleas «Tampico».

No hay nada de Greg Tampico. Lo único que aparece es una noticia que te mandó a primera hora de ayer por la mañana tu asistente, Barb Newberg.

Barb Newberg sabe que te gusta Ronald Reagan y, ya sea por amabilidad o por aburrimiento, te ha enviado un artículo sobre la casa donde nació el presidente, que es un humilde apartamento de dos habitaciones situado en un humilde edificio de ladrillo de dos plantas que en la actualidad alberga un First National Bank, encajado entre una aseguradora y una funeraria en el pueblecito diminuto de Tampico, Illinois.

«He pensado que te gustaría. Barb. ☺», te ha escrito.

No es la extraña coincidencia de los dos Tampicos lo que te interesa, ni tampoco el edificio en sí. Es la modesta funeraria que hay al lado lo que te recuerda que hoy, lunes, es el entierro.

Funeraria Murphy & Milliken, Alexandria, recuerdas, a las dos en punto, y se encuentra en Prince Street, que no queda nada lejos del dúplex de Greg Tampico en King Street. Y vas a asistir al funeral porque todavía es posible que estés equivocado; si el pequeño Vicky vio al hombre, como dice que lo vio, entonces es que Tampico está vivo, y simplemente se está mostrando desacostumbradamente huraño, está cabreado por la última vez que os visteis, y, en fin, *simplemente se está quedando contigo*; pero de ser eso cierto, te preguntas, entonces, ¿qué recórcholis, como diría tu madre, habrá en el ataúd?

3

Entran en escena doce caballeros vestidos con trajes de lana tupida gris y negra y corbatas de seda de colores vivos; entran en escena los abogados, los banqueros y los maestros, los ingenieros civiles y los médicos; entran en escena los periodistas, hombres de la prensa con bombines como los que llevan los monitos de la calle, y por fin entra en escena Walter Potter, el principal competidor de Downing, y Walter Potter tiene el pelo rubio cobrizo, pajarita y patillas de hacha, y no puede haber duda de que es Potter porque unas cuantas personas lo han reconocido, le han pedido un autógrafo, y los periodistas lo están apuntando todo, están *entrevistando a Potter* en la acera de delante de la exposición de Downing, tal como ve el taxidermista con irritación, y Potter les dice que ha venido porque, igual que todo el mundo, tiene curiosidad por ver al cerdo hormiguero africano y hace tiempo que es admirador del trabajo de Downing, y les promete que ésta va a ser una gran exposición, y resulta que Walter Potter tiene razón:

El evento es gratuito. A medida que pasan los minutos y van llegando todos los asistentes, entran los hombres de las profesiones no cualificadas, los mineros, los operarios textiles, los maleteros del ferrocarril, todos con sus perneras remangadas, su tweed campestre, sus botas mugrientas, y a continuación, con sus chaquetas raídas de algodón y sus costuras medio rotas, entran en escena los vendedores ambulantes, que hoy aparecen en público de forma excepcional sin sus carros destartalados de verduras; entran las cuadrillas de trabajadores de las cloacas, los apestosos chatarreros de alcantarillas y los cazadores de ratas, seguidos de los barrenderos y los limpiachimeneas de caras cubiertas de hollín, y los hombres se mezclan armoniosamente, cada uno encontrando a los suyos, y sale el sol, y hace un día muy caluroso, es agosto, y todo el mundo está mirando cómo los risueños chavales borrachos menean los hocicos falsos, cómo rascan los adoquines con sus zarpas falsas, señalando, riendo, y entonces se abren de par en par las puertas ojivales de madera de la iglesia de Todos los Santos de la acera de enfrente y salen en tromba los gordos clérigos, ruborizados de calor bajo sus sotanas, saliendo del fresco vestíbulo de la iglesia para venir a ver al cerdo hormiguero; y Downing siente que por fin es la hora.

—Pasen —dice, y guarda silencio mientras los espectadores entran en el taller, ven al cerdo hormiguero y ahogan una exclamación.

Y éste es el momento en que Downing se marcha. Porque el taxidermista nunca se queda en sus exposiciones. Siempre abandona el taller y se va a un pub, el Green Otter, a beberse una pinta mientras los críticos evalúan la obra que ha creado, y es porque él ya sabe qué ha hecho, sabe que no puede hacer más, y esta tarde no es distinta, de manera que Downing le hace una señal escueta con la cabeza a Harold Skinner, que sólo un año antes fue quien recibió las ofertas por la jirafa africana, y quien se la vendió por un precio muy elevado al New Walk Museum; esta tarde, cuando se marcha del taller, Downing le entrega de buen grado a Skinner las riendas, como suele decirse, y se aleja sin resquemor ni preocupación dejando atrás Todos los Santos.

Baja paseando por Bath Street, dobla a la izquierda por Clarence Street y enfila la curva del callejón que lleva al Green Otter, donde esta noche se permitirá el capricho de comprar la cena para llevársela a casa y comérsela con Richard. Y el taxidermista no se priva cuando le ofrecen el pato a la naranja con guisantes ni las alubias con beicon frito, pide ambas cosas, y es que el hambre que le entró la noche anterior no ha remitido, y cuando pide dos botellas enteras de un malbec francés bastante decente, lo paladea lentamente, como si no estuviera pasando nada más en el mundo, y *sólo entonces*, y ni un momento antes, pide su pinta.

Downing siempre pide una sola pinta, alta y espumosa, para celebrar que ha acabado de disecar cualquier bestia, y esta tarde, con la luz del sol apagándose en las ventanitas redondas del pub, que son de vidrio de corona, se sienta a solas en una esquina a beber pausadamente, y el dulce lúpulo le recubre la lengua, se le desliza garganta abajo con un cálido y agradable cosquilleo, y a medida que bebe se le despeja del todo la mente: no está pensando en nada. No echa de menos nada.

Su alma no está apegada al pasado ni distraída por el futuro, y tampoco piensa en Richard, ni en el cerdo hormiguero, ni en la gente que ha asistido a la exposición ni en la que no, y ni siquiera piensa en la llegada de la joven Rebecca Ostlet, ni en el despilfarro que está haciendo en la cena; es decir, todas las cosas en las que debería estar pensando si supiera lo que estaba a punto de suceder en su ausencia.

Odias ir a funerales, lo has odiado siempre. No te gusta pensar en cosas muertas, ni siquiera en cosas enfermas, y durante la mayor parte de tus años de formación en la Universidad de Virginia parecía que los profesores no paraban de darte la paliza con la *muerte* y la *relatividad* y la *historia*, mientras que por entonces preferías, y sigues haciéndolo, pensar en la *vida* y la *certidumbre*, prefieres olvidarte del pasado para centrarte en el futuro, pero de esas cosas no hablaba nadie, y a menudo te preguntas por qué todo el mundo en la universidad siempre estaba intentando ser tan admirablemente pesimista cuando tú eras tan admirablemente optimista, y son esta clase de pensamientos optimistas, como que Greg Tampico podría estar vivo y al carajo con las consecuencias, los que te impulsan a levantarte de tu colchón, salir de tu dormitorio, bajar la escalera y pasar de largo de la cocina donde Olioke está sentado comiéndose su puto sándwich (y, vamos, *le tienes un odio de muerte a Olioke*) para volver al garaje, y al Tahoe, y desde allí tu salida del 2486 es notablemente rápida.

Y tu partida es rápida porque nadie se la espera. Los fotógrafos se quedan estupefactos cuando las puertas del garaje se elevan y el Tahoe emerge de repente a la luz del sol. Apenas tienen tiempo de encender las cámaras y arrancar sus furgonetas blancas antes de que te marches, y ahora Norteamérica entera está viendo tu Tahoe por la tele, en plan O. J. Simpson, mientras te alejas a toda pastilla hacia Alexandria.

Tienes que darles esquinazo. Entiendes que se lo tienes que dar mientras te saltas como un maniaco todos los semáforos en rojo, virando a izquierda y derecha por todo el D. C., pero los paparazis son eficaces, deben de recibir *clases de conducción* o algo así, y alguien ha llamado incluso a la policía, porque se oyen sirenas; las oyes venir a lo lejos, y están yendo *a por ti*, y, Dios bendito, ¿acaso esto podría dar *peor* imagen de la que está dando?

Se acabó, piensas, se *acabó*, joder, estás completamente *jodido*, y la cosa sigue así durante unos minutos hasta que, por Dios, llega un milagro:

Cuando giras por Constitution Avenue, entran en escena el puñetero presidente de Estados Unidos y su convoy de vehículos.

Lo cierto es que no eres muy fan del presidente, un demócrata de cincuenta y nueve años de Ohio que en una reunión reciente de su gabinete elogió en persona a la puta Nancy Beavers por su tenacidad con cierta legislación de poca monta sobre las bajas por razones familiares, que de alguna manera se las apañó para aprobar basándose en no sé qué patraña llamada *defensa del ciudadano*. Pero, carajo, colega, ahora sí que te has vuelto un fan: la colección de Chevy Tahoes negros del presidente baja por Constitution Avenue como un desfile de escarabajos enormes, y las furgonetas de los paparazis se quedan, en fin, *completamente bloqueadas* por los servicios de seguridad, los paran de inmediato los polis de la calle, y en cambio a ti... ¡a ti la policía te hace señales para que avances!... Y con qué *facilidad pasmosa* pasas de largo —en un despliegue de agallas, incluso los saludas con la mano—, fundiéndote con la flota del presidente, y así, sin más, te vuelves invisible, te las has apañado para confundir a todo el mundo. Parece que *nadie puede saber qué Tahoe es de quién*, y no tienes absolutamente ningún reparo en fingir por un momento de éxtasis que *eres el presidente*, y lo finges, porque hay gente ahí fuera, gente en las aceras, aplaudiendo y abucheando, y en sus manos tienen los letreritos de colores de rigor, están todos protestando por las cosas de siempre, aunque no te molestas en leer lo que ponen; pero justo cuando te separas de la comitiva, doblando inesperadamente para coger la autopista de la calle Nueve, que te llevará rodeando el Smithsonian hasta un túnel que *pasa por debajo de la Explanada Nacional*, ves a una niñita con coletas que está sentada en los hombros de su padre.

No puede tener más de cinco años. Y está sosteniendo en alto un torpe dibujo que ha hecho con sus lápices de colores, y aunque quizá no es obvio para nadie más que para ti, está claro que es un cerdo hormiguero, un cerdo hormiguero gigante con una esvástica negra gigante dibujada en la panza; y es lo último que ves antes de desaparecer en el subsuelo, hacia la 395, y cuando emerges de la oscuridad vuelves a ir rumbo al puente de la calle Catorce, y cuando por fin lo cruzas, cuando cruzas el puente sobre el Potomac, ya vas tú solo.

Te sientes libre, sin ataduras. No recuerdas haberte sentido nunca en la vida así de relajado, así de tranquilo, y hasta te ríes un poco mientras buscas tus Ray-Ban en la guantera y te las pones, tanto por costumbre como por placer, sólo para vislumbrarte en el retrovisor.

No hay ningún animal gigante disecado ocupándote el maletero del Tahoe.

El cerdo hormiguero *ya no está*. Y al instante tu tranquilidad da paso a la preocupación y al pesimismo. El alivio que esperabas sentir al deshacerte del cerdo hormiguero... no está ahí, porque no lo has hecho desaparecer *tú*. Alguien, de alguna forma, ha *accedido a él*, lo cual quiere decir que, o sea, *se te han metido en el coche*, te han entrado *en casa*; y esto te acaba de poner histérico, a decir verdad, como si alguien te hubiera sorbido las entrañas. Sin el cerdo hormiguero, el Tahoe te parece superenorme, supervacío, y te das cuenta de que lo *echas un poco de menos*, echas de menos su forma *triste y coqueta* de mirarte, la misma forma en que te miraba siempre Greg Tampico...

Cuesta explicarlo. Nadie te había mirado así antes, y seguramente nadie lo volverá a hacer, pero sea lo que sea lo que ha pasado con el animal disecado, ya no puedes volver; no tienes otra opción que seguir a toda pastilla hacia el funeral de Greg Tampico con la única compañía de una tenue luz nueva que te ilumina la cueva oscura del corazón: el hecho de que esto podría ser alguna clase de chiste. O un accidente.

No sabes si Greg Tampico está vivo o muerto, o si Vicky vio a Greg Tampico de puñetero *cuerpo presente* disfrazándose, o bien si fue otra persona quien se puso las gafotas falsas y la barba, pero en ese caso se trata de alguien cuya identidad se escapa de tu imaginación, o bien cuya identidad te niegas a imaginar.

La inmortalidad del alma de los animales es una cuestión que Rebecca Ostlet lleva tiempo planteándose. Rechaza la visión cartesiana de los animales como máquinas insensibles, y la postura de Aristóteles le parece simplemente arrogante: «Dado que la naturaleza no hace nada sin propósito o en vano —dijo—, por fuerza tiene que haber creado a los animales para beneficio de los hombres», y a Rebecca, a quien incluso le disgusta Darwin, que distinguía habitualmente entre «el hombre» y los «animales inferiores», no le impresiona ningún hombre que se crea superior a las bestias, y piensa que también Goethe estaba equivocado: un animal no es «un fin en sí mismo», sino una criatura de Dios provista de conciencia y conocimiento, y por tanto, igual que el hombre, los animales deben de *viajar*, cree, *con almas inmortales*, y es algo de lo que se convenció ya hace mucho tiempo, después de leer *Agnes Grey*, la primera novela de Anne Brontë, publicada en 1847, el año en que nació Rebecca Green, que ahora tiene veintiocho.

La dejó horrorizada una frase de boca de la cruel señora Bloomfield. «Todas las criaturas fueron creadas para nuestra conveniencia», dijo Bloomfield, y a la joven Rebecca le pareció tan aborrecible esa aplicación de la palabra *conveniencia* que abandonó de inmediato sus estudios de medicina en la Universidad de Edimburgo, donde había ingresado en 1871, sólo dos años después de que obtuvieran acceso las primeras siete mujeres de su historia, y pese a las protestas iniciales del profesorado masculino, finalmente le concedieron permiso para trasladar sus cursos a la Facultad de Botánica.

Rebecca, sin embargo, había asistido a un curso con sir Richard Ostlet, que sí le había gustado. El curso se titulaba «Mamiferología Aplicada», y en él sir Richard defendía la existencia de las almas de las bestias, citando a menudo el *Nuevo sistema de la naturaleza*, de Leibniz, escrito en 1695, que sostenía que los animales «se organizan a sí mismos», y no son «materia que es organizada», y también a Gerónimo Rorario, un diplomático papal húngaro que había escrito antes incluso, en 1547, que «las bestias hacen con frecuencia mejor uso de su razón que los hombres», y Rebecca se había quedado tan fascinada con Ostlet —defensor de los animales hasta el punto de que había recorrido el mundo para estudiar a los mamíferos en sus hábitats naturales— que una mañana soleada había entrado a oscuras en su despacho y le había recitado en tono pragmático e inexpresivo un breve tratado que explicaba por qué ella y sir Richard Ostlet deberían casarse.

A Richard se le pusieron los ojos como platos mientras la escuchaba, se le pusieron espectacularmente *protuberantes*, pero la joven ni se inmutó; de hecho, le hizo gracia cuando él carraspeó y se disculpó y le explicó que los ojos siempre le *sobresalían* así, y convino en que tenía lógica que se casaran, es decir, si ella podía sobrellevar sus problemas oculares, que sin lugar a dudas acabarían comportando su ceguera.

—No me importa lo más mínimo —dijo Rebecca.

Se casaron la primavera siguiente. Para la ocasión, Rebecca llevó un vestido azul de muselina de manga larga, un sombrerito naranja con un ramillete de pelargonios naranja a juego procedentes del invernadero de las palmeras de Kew Gardens adornándole un costado, y esa noche, Richard, a modo de preparativo para un viaje de varios meses a las Galápagos, le enseñó su piso nuevo, el que le había comprado como regalo de bodas, situado en Gloucester Walk, Londres, y previendo que se sentiría sola sin él durante tantos meses, Ostlet también le regaló a su esposa recién casada tres cachorros inquietos de color rojizo, los tres hembras de setter irlandés pura sangre, con orejas suaves y peludas y cabezas cónicas; y Rebecca, en honor a *Agnes Grey*, las bautizó *Anne*, *Charlotte* y *Emily*. Y así, con las Brontë a cuestas, es como Rebecca Ostlet se baja del carruaje frente al 24 de Victoria Terrace, en Leamington Spa, para ver la exposición del cerdo hormiguero, la obra final de su marido.

Las perras, ya adultas, salen en tromba del carruaje en una estela de pasión excitada.

Rebecca se apea, echa un vistazo a las dos largas hileras de gente que se han formado frente al taller de taxidermia de Titus Downing, y se da cuenta de inmediato de que, aunque parece haber hombres de todos los tipos británicos, ella es la única mujer, al menos por lo que puede ver.

Al principio esto ni siquiera consigue que Rebecca Ostlet se inmute. En calidad de mujer científica, ya está acostumbrada, y saluda con la cabeza a caballeros y villanos por igual cuando ellos se llevan la mano al sombrero, y sólo cuando la compañía teatral se queda mirando su nuevo corpiño de peto y su chaqueta y su corbata masculinas —es la última moda en Londres, un atuendo considerablemente ajustado, de cintura y varas largas, con un corpiño de los peores que baja hasta las caderas y fruncido por detrás a la polonesa y con motivos de pavo real— se entera de la razón que ha impedido que se acerquen las mujeres: los chavales borrachos ven a lady Ostlet con su nuevo atuendo y se ponen a relinchar con sus cabezas porcinas. Las largas orejas de conejo les golpean las mejillas.

Menean las zarpas de papel maché en el aire mientras ella se acerca, y cuando se detiene para mirarlos, fingen aparearse entre ellos mientras entonan una canción popular de John William Hobbs, una tonadilla que en teoría se tiene que cantar por lo bajo y con suavidad para crear *ironía*, pero los chavales cambian la ironía por la vulgaridad y se la berrean a pleno pulmón a Rebecca en una armonía a seis voces sorprendentemente lograda:

Phyllis se llama mi amor,
Va a su aire igual que el viento,
Con recato o atrevimiento,
Pero siempre te da diversión,
Pero siempre te da diversión.

Las Brontë, confundidas por los cerdos hormigueros danzarines, se ponen a ladrar y a corretear con sus largas patas en torno a la compañía, gimoteando con ojos brillantes al ver sus movimientos obscenos, azotando las piernas de los chavales con los plumeros de sus colas, pero Rebecca Ostlet apenas repara en los muchachos mientras camina entre ellos, sin hacer caso de que le froten sus hocicos blandos contra el polisón y la cola de su vestido, gruñendo «¡Phyllis, Phyllis!» como cerdos idiotas mientras ella se levanta los bajos del vestido.

Pone uno de sus piececitos femeninos sobre el escalón de la entrada de Titus Downing, bajo las cabezas de ciervo, a continuación pone el otro y entra en el taller de taxidermia.

Downing no está allí. Rebecca se pasea cordialmente entre los gansos y faisanes disecados del taxidermista, entre sus patos y perros, sus peces y conejos, su colección de zorros, y se queda especialmente cautivada por una zorra de color gris topo y pelaje reluciente, con el hocico en alto, que ocupa el centro del escaparate de Downing.

Los zorros están colocados para que parezca que la están protegiendo, y a Rebecca le parece absurdo. La zorra, conocida por su astucia, es perfectamente capaz de cuidar de sí misma y de su camada, no necesita la protección de esos zorros de aspecto más bien asustadizo —caramba, tal como los ha dispuesto Downing más bien parece que le estén tendiendo una emboscada, piensa—, y mientras el taller se llena una y otra vez de caballeros que avanzan a toda prisa entre las demás criaturas disecadas para llegar al cerdo hormiguero, Rebecca Ostlet, a solas con la zorra, le pasa una mano por la suave cabeza, admirando la expresión de su cara, sus ojos medio rasgados y de aspecto competente, como si hubiera estado amamantando recientemente.

Rebecca puede contar con los dedos de una mano el número de veces en que Richard y ella completaron el acto amatorio.

—Soy mucho *mayor* que tú, querida —le explicaba él cuando yacían juntos, o bien alegaba que le costaba quitarse el trabajo de la cabeza, y le decía que entendería que ella estuviera decepcionada con él, y que tenía que confesarle que no sabía lo que necesitaba ella, pero que él, por su parte, necesitaba *muy poco*, y todo esto se añadió al dolor que ella había experimentado al enterarse de su muerte.

Porque, aunque Richard le había dejado unos ingresos considerables, más que suficientes para durarle toda la vida, empezaba a parecer probable que Rebecca, que se acercaba deprisa a la treintena, ya no fuera a tener hijos. Y cuántos meses desperdiciados y solitarios había pasado en Gloucester Walk, paseando a sus perras por el Holland o el Hyde, esperando a que Richard regresara de sus viajes, y cada vez que su marido volvía, ella habitualmente sólo le podía sacar una noche antes de que él regresara a su timidez y su autocompasión, y se trataba de una vertiente peculiar y melancólica de Richard que ella no había imaginado cuando se habían casado, dado que en compañía del resto del mundo era un hombre muy *jovial* y *generoso*, y menos de un año después de casarse Rebecca ya había sido consciente de su error.

Mientras merodea a solas por el taller de Downing en medio del olor boscoso de los aceites dulces de cedro, de la piel, el pellejo y las plumas húmedos, de la sal de tártaro, del vino de palma, de los yesos, de las arcillas con agua, de toda clase de jabones conservantes y astringentes, de polvo y de cal, es el reconocimiento del aroma a romero y pino del alcanfor, ese hedor familiar que siempre emanaba de Richard, lo que por fin le da a Rebecca Ostlet el valor que necesita para apartarse de la zorra.

Son las dos en punto. El sol baña implacable el taller de Titus Downing, proyectando sobre la cara del cerdo hormiguero un haz amplio y limpio de luz nueva.

La cara, descubre Rebecca, con su hocico todo cubierto de bigotes, es suave y tiene una apariencia amable, muy parecida a la que suele ver en las Brontë cuando han terminado de cenar. El pellejo del cerdo hormiguero es de color rosa amarillento por encima, marrón por debajo, y tiene matas de pelo oscuro que le salen de la parte de atrás de las gruesas patas —plantígradas las delanteras, digitígradas las traseras—, en marcado contraste con las orejas, tan largas y tan finas que la luz del sol brilla *a través de ellas*, lo que le recuerda al instante a Rebecca Ostlet el pliegue interior de color melocotón de una concha que Richard trajo a casa de las Galápagos; y así, plantada de repente entre los hombres que contemplan en silencio el cerdo hormiguero, Rebecca siente por un momento un tipo completamente nuevo de reverencia. Su propio sexo se escapa de ella. Ya no es una mujer entre hombres, sino una humana entre humanos, y se imagina que los caballeros deben de sentirse igual: una especie de plegaria colectiva por esa criatura ridícula con ojos de conejo y hocico de cerdo, y que, con esa zarpa-pezuña en alto, ¡parece *comple-*

tamente despierta, viva, como si estuviera a punto de bajarse de su soporte!

Y, además, Rebecca Ostlet se ha fijado en que la criatura tiene algo *familiar*: quizá sea el espacio plano de la frente, que es baja y amplia, o quizá sea la forma en que Downing le ha posicionado los párpados para que parezca que abrazan a los ojos, y la amabilidad de su expresión le resulta asombrosa, parece *casi humana*, lo cual es considerablemente extraño al lado de ese lomo cimbreante y peludo, arqueado para cargar el peso de una panza increíble de tan redonda; pero cuando levanta una mano para acariciarlo, igual que ha hecho con la zorra, muge un caballero:

—Señora, yo no lo haría.

Rodean al cerdo hormiguero doce caballeros con trajes oscuros. Tienen las manos en los bolsillos. No la están contemplando a ella con reverencia, sino con sobriedad, sin generosidad y sin humor.

—No lo toque —dice el hombre—. Es indecente.

—*Vulgar* —añade otro.

Un tercer caballero asiente con la cabeza:

—En efecto, John. En efecto.

Por turnos, los hombres tachan al cerdo hormiguero de «obsceno». Lo llaman «abominación», como si lo hubieran descubierto en una cueva de un mundo impío, pero los hombres trajeados no son científicos, se recuerda a sí misma Rebecca, sólo son ricos, no pueden amar aquello que no entienden, y sólo entienden de dinero; y como hace un día tan caluroso, y van vestidos con trajes formales de lana, los hombres tienen las mejillas ruborizadas, están cada vez más irritables, interpretan cualquier pequeña incomodidad como un desaire contra el estatus que les ha otorgado Dios, de forma que no pueden ver belleza en el cerdo hormiguero; de hecho, parece que ella se esté *burlando* de ellos mientras les caen por las sienes largos goterones de sudor, y Downing *realmente debería haber pensado en servir refrescos*, piensa Rebecca, para sus invitados, para esa gente que ha venido a hacer cola bajo el sol de justicia a fin de contemplar el *Orycteropus afer* en un día de principios de agosto en Leamington Spa. Pero no hay nada.

Fuera, los chavales gruñen con sus hocicos mientras los hombres de dentro reniegan y fruncen el ceño. Se sienten aburridos, estafados, y ahora el sol está realmente cociendo la sala, y las Brontë, agitando los pellejos como si se los quisieran quitar de encima del cuerpo, empiezan a ladrarle estúpidamente a la puerta que lleva al apartamento de Downing, en el piso de arriba.

No pasa mucho rato antes de que todo el mundo empiece a marcharse.

Los caballeros se alejan quizá un poco demasiado deprisa del taller de Downing, y cuando los demás asistentes que hay en la fila ven huir a los caballeros, cuando ven las caras sonrosadas y abatidas de los hombres, ellos también deciden, uno por uno, que no vale la pena, que hoy hace demasiado calor, y se marchan también; las filas que se agolpaban frente al taller se dispersan, se retiran, hasta que sólo quedan cuatro personas: Rebecca Ostlet, el afamado especialista en prótesis Harold Skinner, Walter Potter y un alemán corpulento con unas manos diminutas, unos carrillos colgantes y un mostacho imperial ralo y mal crecido de aspecto vagamente púbico.

—Soy Potter —dice Walter Potter, ofreciéndole la mano a Harold Skinner—. Por fin nos conocemos.

—Soy Skinner —dice Harold Skinner—, no Downing. Si quiere comprar el cerdo hormiguero, estoy aquí para aceptar ofertas.

Walter Potter contempla a Harold Skinner con sorpresa.

—¿Downing no está? —pregunta.

Walter Potter confirma que no, no está.

Walter Potter se acerca al cerdo hormiguero para inspeccionar el trabajo de Downing, y Rebecca lo ve mover las manos con habilidad sobre el pelaje, palpando en busca de costuras, pero Downing ha trabajado las costuras con una aguja encerada de medio milímetro, del tamaño de una aguja de coser colchas, y Walter Potter, que luce unas patillas de color rubio cobrizo verdaderamente regias, respira ruidosamente por encima de su bigote y susurra:

—*Es precioso.*

Y toquetea la cola de canguro del cerdo hormiguero como si fuera un pescado enorme. Las patas son como troncos.

—*Es naturaleza en estado puro* —dice, y acerca la cara a la del cerdo hormiguero, momento en el cual se incorpora, sobresaltado.

Les pregunta a Rebecca y a Skinner si saben qué ha hecho Downing con los ojos.

La luz del sol que ilumina el taller de taxidermia de Titus Downing resalta los iris azules de Richard Ostlet.

—Sólo se pueden conservar los ojos de animales de procedencia local —dice Potter, y a continuación pregunta cómo ha preservado Downing los ojos de una criatura proveniente de África. ¿Los tuvo sumergidos tres semanas enteras en fluido de Mueller? ¿O quizá en alguna clase de humectante fabricado con alcohol isopropílico? ¿O bien congeló los ojos con hielo y sal hasta partirlos en mitades laterales y después los puso primero en solución de cloro y después en solución de glicerina? ¿Lo sabe alguien?

Rebecca Ostlet mira más de cerca. Por lo que ella sabe, los mamíferos salvajes tienen los ojos castaños, y sólo los seres humanos —o quizá algún que otro perro o cabra, por su experiencia— tienen ojos *azules*, y es que los ojos azules *no se dan en estado salvaje*, tal como recuerda de las clases de Richard, y es entonces cuando se da cuenta, horrorizada, de lo que ha llevado a cabo el pálido y siniestro taxidermista.

—¿Se encuentra bien, señora? —le pregunta Walter Potter, y Harold Skinner y él cogen a lady Ostlet cada uno de un brazo.

Ella se sienta en una silla.

No es el hecho atroz de que Downing haya insertado los ojos lacados de su marido en las cuencas oculares de un cerdo hormiguero gigante disecado lo que angustia a Rebecca Ostlet; es su certidumbre de que su marido los está buscando, de que *todavía* los está buscando, de que ahora mismo podría estar *cerca*, razón por la cual se pone a echar vistazos nerviosos a través del escaparate y llama con un susurro débil a las Brontë para que vengan a su lado, pero ahora las Brontë están gimoteando más fuerte y arañando la puerta que lleva al apartamento de Downing, en el piso de arriba, y de pronto a Rebecca el corpiño no la deja respirar.

Tanto Potter como Skinner miran al alemán, que se ha quedado merodeando en un rincón.

El alemán señala al cerdo hormiguero. Lo sabe todo de esos animales, explica, porque ha viajado varias veces al sur de África. De hecho, está a punto de volver otra vez. Porque Alemania se encuentra al borde del superávit comercial. Ahora Francia es dueña de Argelia. Gran Bretaña está en el Cabo. Incluso Portugal tiene Angola y Mozambique. Pero los cerdos hormigueros, dice, no tienen los ojos azules, y vuelve a señalar. «*Blaue Augen*», dice con placer perverso: *este* cerdo hormiguero tiene *ojos azules*, y se trata de la misma mirada de placer que él, Heinrich Göring, de treinta y seis años, le dedicará dentro de tres años a Franziska Tiefenbrunn, de diecinueve, la joven campesina bávara de ojos azules asombrosamente intensos que, cuando lo mire con su expresión imbécil, le recordará al cerdo hormiguero que está a punto de ser propiedad suya; Fanny Tiefenbrunn, que pronto se convertirá en Fanny Göring, le dará un cuarto hijo que heredará, para idéntico placer de su padre, los mismos ojos de color azul intenso de su madre.

—¿Seguro que se encuentra bien? —le pregunta Walter Potter a Rebecca, y en ese momento las Brontë, unidas en su causa, por fin consiguen abrir a la fuerza la puerta.

En una rauda comitiva de lenguas rosadas y pelo cobrizo, las perras jadeantes suben disparadas la escalera que lleva al piso de Downing. La escalera es estrecha y las perras pugnan para subir en fila, directas al dormitorio de Downing para reunirse con su amo, sir Richard Ostlet, que se encuentra, de forma completamente insospechada, postrado con el culo al aire sobre una cama con dosel decorada únicamente con unas suntuosas cortinas de terciopelo de color berenjena.

La funeraria Murphy & Milliken ocupa un edificio de una planta y tejado plano que tiene pinta de haber sobrevivido a los ochenta, aunque a duras penas. Su puntuación en Yelp es de 1,2. Delante del establecimiento hay una pequeña y triste rotonda, destinada a que quienes hayan perdido a un ser querido se bajen con elegancia de sus coches, y el tejado es gris y ancho y tiene una parte colgante demasiado grande, que intenta imitar con torpeza el tejado de paja de una acogedora casita de campo, y el sitio entero recuerda a esos moteles que se ven junto a las autopistas rurales, la clase de lugar que podría estar perfectamente en las afueras de Roanoke o Lynchburg, pero aquí, en Alexandria, el edificio ha quedado olvidado, eclipsado por sus vecinos mucho más bulliciosos, que son dos aparcamientos de siete plantas, un tramo del metro abandonado mucho tiempo atrás y una tienda de muebles Crate & Barrel que ocupa casi todos los terrenos y emite un resplandor blanco por detrás de la funeraria como si fuera una especie de nave espacial alienígena.

Aparcas en la parte de atrás. No hay nadie. Y no hay nadie porque según tu móvil sólo son las 12.20.

Falta una hora para que empiece el funeral.

En la entrada no hay ningún letrero que anuncie un sepelio programado para hoy, no hay flores de ningún servicio de reparto, no hay libro de invitados en el que firmar, y visto a través de las ventanas del edificio —decoradas con unas cortinas moradas de terciopelo falso con mucha pinta de paños mortuorios—, el interior se ve oscuro, y deduces que todo esto se debe a que llegas temprano, y por eso mismo te quedas sorprendido cuando empujas la puerta de entrada y se abre.

El olor es lo primero que te llega: un perfume que no consigues reconocer, de flores o de hierbas o algo parecido, y la moqueta marrón, que está por todas partes, simplemente lo ha absorbido. Echas a andar en silencio por la moqueta y cruzas un atrio, preguntándote cómo *demonios* ha terminado Greg Tampico en un sitio así, cuando tú creías que tenía dinero, o, si no dinero, por lo menos *buen gusto*, y te das cuenta de que en realidad no sabes apenas nada de los amigos ni de la familia de Greg Tampico, ni siquiera de la gente que trabajaba con él en la Fundación Felicidad, y quizá no conozcas a ninguno de ellos porque nunca preguntaste, quizá nunca fuera importante o quizá resultara demasiado peligroso, o quizá siempre te había bastado con lo que sabías de Tampico hasta ahora:

Omnívoro. Se lo come todo.

Cuando su risa es genuina, le sale vergonzosamente aguda.

Los sobacos, cuando los tiene húmedos, le huelen a carne.

Fuma cigarrillos tumbado bocarriba, con las piernas cruzadas.

El arrullo de su voz en la cama parece una radio con el volumen bajo.

Pasas sólo unos minutos dentro, deambulando por el interior en penumbra y perfumado de la funeraria, hasta encontrarte con una especie de tienda, y nunca se te había ocurrido que en un salón de pompas fúnebres pudiera darse la oportunidad de *vender cosas*, pero esto es Norteamérica. Hay un mostrador y una caja registradora. Venden ataúdes.

Nunca has visto un ataúd de verdad. Por lo menos no en persona y de cerca, y ahora ves cuatro opciones de ataúdes con precios que van de los 895 dólares a los 3.995 dólares, muy baratos en tu opinión. Todos los ataúdes en exposición están forrados de una seda blanca reluciente que no es seda, es *satén*, y acolchados con algodón, y algunos tienen flecos, y todos tienen encaje o lacitos, y unas almohadas blancas enormes, y aunque están hechos de maderas duras como el cerezo, el nogal o el caoba, y cubiertos de tanto poliuretano que relucen como coches nuevos, y aunque nunca en la vida te has planteado en serio tu muerte, en este preciso momento tomas la decisión de que cuando te mueras no cogerás *el camino del entierro*, cogerás *el camino de la incineración*, y al parecer no eres el único, porque delante de los ataúdes hay una selección mucho más diversa de urnas que van de los 95 dólares a los 495 dólares, y está claro que éste es el verdadero negocio de Murphy & Milliken: vender urnas.

Las urnas tienen placas con nombres como Puesta de Sol Trinitaria, Sinfonía Eterna, Estrella Majestuosa..., todas salvo la urna más pequeña y barata, que parece hecha de aluminio y tiene aspecto de lechera antigua, que se llama, en un ejercicio de falta absoluta de imaginación, Infinito. Coges la urna Infinito y sientes que no pesa nada, y por alguna razón te resulta extrañamente *atrayente*, y echas un vistazo y ya te estás planteando robarla cuando se enciende una aspiradora fuera de la tienda.

Devuelves la urna a su sitio. Sales de la tienda. La aspiradora sigue funcionando, pero no está cerca, y a la vuelta de la esquina ves unas puertas anchas de madera que no hacen ruido al abrirlas y te dan acceso a lo que a primera vista te parece una pequeña sala de tribunal.

No es un tribunal de verdad. Es como el que se puede ver en un montaje teatral de escuela primaria de *Heredarás el viento*, y deberías saberlo porque es la única obra de teatro en la que has participado en tu vida. Hay bancos de iglesia, seis a cada lado, y los doce bancos llevan hasta una tarima que se ve bidimensional, y a cuyo lado hay una bandera norteamericana de plástico con su mástil. A lo largo del flanco derecho de los bancos hay una mampara de plástico marrón. Una partición. Entiendes que es el espacio donde Murphy & Milliken celebra los velatorios.

En el montaje de *Heredarás el viento* para la clase de la señorita Sline, hacías de Meeker, el alguacil que barre los juzgados de Hillsboro, cuyas palabras no has olvidado nunca: «Matthew Harrison Brady —recuerdas que decía—. Lo vi una vez. En un encuentro del Chautauqua en Chattanooga», y lo dices en voz alta, era tu línea de diálogo favorita, y te acuerdas de que volvías *loca* a tu madre a base de repetirla una y otra vez: «Un encuentro del Chautauqua en Chattanooga». Y justo después seguía: «¡Hizo temblar los postes de las tiendas! *¿Quién va a hacerte de abogado, hijo?*». Y entonces te detienes.

Porque eso es justo lo que te dijo Greg Tampico *la noche en que os conocisteis*, mientras se aflojaba la pajarita en el vestíbulo de su dúplex, y de pronto empiezan a desfilar situaciones por tu cabeza: como por ejemplo que Greg Tampico está *aquí* y que va a salir de detrás de la partición y soltarte un *¡sorpresa!*, o más probablemente un *hola, bobo*; o bien que Tampico va a hacer algo más espectacular, como salir de golpe de un ataúd o algo parecido (¡tachán!); y te puedes imaginar perfectamente a Tampico *llegando en ala delta* al aparcamiento de Murphy & Milliken, aunque en realidad lo único que quieres que haga es abrir en silencio las puertas de esta sala, entrar en silencio y acercársete por detrás caminando por la moqueta, y ya casi *sientes* su pecho ancho apoyándose en tus omoplatos, su aliento húmedo y cálido en tu pescuezo, cuando las ocho lámparas que cuelgan a pares del techo se encienden con un clic...

—*Greg* —dices, y te giras hacia las puertas.

Pero no es Greg Tampico. Es un conserje que trae una aspiradora en una mano y el largo cable de la aspiradora envuelto en torno a la otra. Su placa identificativa dice MARLEN.

—¿Lo puedo ayudar? —pregunta.

Marlen, que no está gordo pero sí tiene la cintura ancha, luce unos dientes torcidos y marrones y unas horripilantes cejas puntiagudas que le hacen parecer escandalizado. Seguramente Marlen no terminó el instituto, calculas (ésa es la parte de tu trabajo que se te da realmente bien), pero estás casi seguro de que tiene familia, quizá un hijo o dos, ya adultos y con sendas mujeres embarazadas, y aunque sólo os debéis de llevar unos diez años, te basta un vistazo para ver la futura figura de Marlen, el perfil y el molde del anciano en que está a punto de convertirse, y lo único que necesita esa planta es un poco más de sol y de agua, unas cuantas arrugas más en la piel y unas cuantas canas más en el cabello, pero ya está *bastante* cerca, y, francamente, su aparición repentina en la sala, con el cinturón abrazándole la panza y el llavero tintineándole una canción mala en la cadera, te hace sentirte como si te hubieran metido en una barca que está zarpando del mundo de los vivos y su aspiradora fuera el remo.

En cuanto a ti, estimas con rapidez, es probable

que a Marlen le parezcas un joven demasiado apuesto para merecer ninguna confianza, alguien que nunca en la vida ha tenido lo que Marlen llamaría «un trabajo de verdad». Porque a juzgar por el aspecto de tu ropa y de tu pelo, a juzgar por tu forma de ir con los hombros echados hacia atrás, como si tuvieras alas, a juzgar por tu forma de apoyar todo el peso de tu cuerpo sobre una pierna, por las mangas de la camisa pulcramente remangadas y los flancos blanquecinos de tus antebrazos impolutos de vello (sí, te depilas a la cera), debes de ser vanidoso, *demasiado vanidoso* —te imaginas que estará pensando— para hacer nada útil en el mundo, y es probable que trabajes en finanzas o en ventas.

—No, gracias —dices, dándole las gracias de una manera que le indica que *no necesitas nada.*

Pero Marlen, igual que otros de su ralea que has conocido, no se deja ni se dejará nunca despedir tan fácilmente.

—No se puede estar aquí —dice—. La sala está *cerrada.* —Y se enrolla profesionalmente el cable entre la mano y el codo.

Sonríes, enseñando los dientes blancos. Te acercas a él. Extiendes la mano, ofreciéndosela.

—Lo siento mucho —dices—. Encantado de conocerlo. Soy el congresista Alexander Paine Wilson, del primer distrito. —Y cuando lo dices, al tipo se le relajan las cejas de chiflado.

—Voté por usted —dice, con total naturalidad—. Mi mujer y yo, los dos. La familia entera vive en Manassas.

—Se lo agradezco —dices, y esperas a que Marlen te conteste algo, pero los Marlen nunca contestan nada. Han hablado tan poco en la vida que tienen el ritmo averiado—. *Muchas gracias* —repites, contribuyendo a que la atmósfera sea incómoda—. Marlen, ¿verdad?

—Se pronuncia Mar-*lén* —dice, como si fuera mitad Mark y mitad Leonard—. No como Brando.

—Encantado de conocerlo —dices—. He venido al servicio de las dos, pero llego temprano.

—Es lunes —dice.

—El servicio de las dos —dices—. Es hoy, lunes. ¿Correcto?

—El de las dos... —dice Marlen, y de pronto echa la cabeza hacia atrás, abre la boca y suelta un ruido estrangulado con la garganta como si estuviera intentando pronunciar una palabra que no está acostumbrado a usar o tragándose algo que se le ha atascado ahí en el almuerzo. Entorna los ojos secos.

La situación se prolonga un momento lo bastante largo como para resultar embarazoso, tan largo que te preguntas si a Mar-*lén*, como le gusta decir a Barb Newberg, *no le faltarán un tornillo o dos*, y no sabes si te caía mejor cuando creías que era tu adversario en vez de tu aliado, y te quedas un poco horrorizado cuando se le ponen los ojos literalmente en blanco y se atraganta un poco y traga, lidiando con la aflicción que sea que lo acaba de visitar.

—... se ha retrasado a las *tres* —dice, y te señala la partición—. Pero el colega ya está ahí. No sé si va a haber sacerdote —añade, y cuando le preguntas por qué no, Marlen suelta una sonrisita de suficiencia—. El colega jugaba para el equipo *rosa* —dice.

Y es la forma en que Marlen ya ha repetido dos veces «colega» lo que le da un aire mezquino a su cortesía idiota. Esa expresión superrancia del «equipo rosa» te cabrea, y te preocupa que haya salido algo más en las noticias, quizá algo íntimo sobre Tampico y tú, o incluso sólo sobre Tampico, pero no tienes motivos para preocuparte: Marlen sólo ve la tele desde que llega a casa hasta que se va a la cama, y entonces lee la Biblia un rato. Imaginas que no tiene un teléfono de verdad. Y te está hablando como si te conociera, *como votó por ti ya te conoce*, y cree que, aunque no te querría de amigo, encajarías *sin problema* con los demás pelagatos de la iglesia de su mujer o algo así; y es verdad que Marlen tiene todo el derecho a dar por sentado que tienes un largo expediente de oposición a la igualdad; en tu primer trimestre, la Unión Estadounidense por las Libertades Civiles te adjudicó un 0 % en el índice de derechos humanos; votas habitualmente para reducir las protecciones ya existentes a las personas de orientaciones sexuales diversas; te opusiste a la revocación de la ley del

«Prohibido preguntar, prohibido decir»; obedeciste las reglas durante la larga y estridente batalla por la ley de Defensa del Matrimonio; y todavía hoy haces que tu equipo escriba largo y tendido sobre el apoyo que das en *Verdades como paines* a una enmienda de la Constitución que prohíba el matrimonio gay (y el aborto) de forma definitiva; y cada vez que te insisten para que expliques *por qué* no apoyas la libertad para casarse, sobre todo ahora, cuando está en la *ley*, te limitas a encogerte de hombros y a decir como un bobo, y con la intransigencia de rigor que te impone tu partido, que hay leyes que nacieron para ser *revocadas*.

Porque prefieres no abordar el tema con Marlen, de la misma forma en que decides no abordar el tema con nadie. Porque, o sea, No Eres Gay, ¿y cuántas veces tienes que repetirlo? Y no te gusta que la gente de tu equipo te diga que dejes de hacer esas poses *tan gais* en las fotos, y que dejes de vestirte *tan gay* con esa indumentaria de vaquero como la que llevaba Reagan, y que pares de peinarte el pelo de esa forma tan anticuada y *tan gay*, y que dejes de reírte de una forma *tan gay*, de agitar las manos con gesto *tan gay*, de sonreír con esa inclinación de cabeza *tan gay*, y te has esforzado mucho por combatir todo esto, e incluso una vez mandaste a unos fotógrafos que te siguieran hasta un gimnasio y te retrataran haciendo algo «viril», y estabas en plan *haciendo pesas con camiseta de tirantes, luciendo musculito*, ¿y qué puede haber más viril que eso? No tienes ni idea de por qué todo el mundo te señala *a ti* todo el tiempo, cuando hay *tanta* gente a la que conoces, gente en cargos con mucho más poder que tú, que vota de una forma en público y vive de otra en privado, y cuesta culparlos; igual que tú, no se ven a sí mismos como hipócritas, simplemente han visto *cómo funciona Norteamérica* y han visto la maquinaria engrasada de su poder; y el deseo que tiene esa gente de ser incluida, de formar parte de su grandeza, es tan fuerte que se construyen una imagen.

Lleva sucediendo desde el principio de los tiempos. La gente como tú, que no le da valor a la memoria, que ya no imagina ni sueña, tendría que haber evolucionado hace mucho tiempo hasta convertirse en algo distinto, pero de alguna forma tú has resistido *sin evolucionar*; no tienes sentido y sin embargo eres infinito, eterno; y si realmente esto es algo que vas a explorar, tal y como parece, entonces lo puedes remontar todo a la polla en forma de malvavisco de Alan Brickmann.

Siempre has salido con chicas, pero en séptimo curso estuvo Steve Marcini. En octavo, Parker Colson y Jimmy Bender. En noveno, décimo y undécimo estuvo aquel chaval gordo, Sam Levenson (si le rompiste la nariz fue porque te dejó), y en duodécimo, incluso cuando pasabas las vacaciones en casa, estuvo Chuck Myers, y seguiste pillado por él durante toda la universidad, hasta que en el último año oíste que Chuck se había casado y se te fue un poco la cabeza y ya dejaste de acordarte de los apellidos, y a veces incluso de los nombres de pila, y aunque No Eres Gay, siempre ha habido hombres, jóvenes, apuestos aunque no fueran apuestos, y sólo cuando te encontraste en el D. C. con veintitantos años, trabajando como secretario de un congresista republicano, te cruzaste con una mujer que te dijo: «¿Alguien te ha dicho alguna vez que te pareces a Ronald Reagan?», y entonces viste claro el camino que debías seguir: te convertiste en Ronald Reagan. O sea, que los derechos de los gais... Y los derechos humanos...

Mírate el cabello, negro azabache y bien peinado. Mírate las mejillas, la nariz y el mentón. Tienes el armario lleno de mocasines relucientes de hombre, de jerséis de verano de colores pastel, de blazers con hombreras gruesas y acolchadas y botones metálicos. Mira tu colección interminable de corbatas. Mira, maricón: eres un *cerdo hormiguero*, un producto irracional y eterno de la Tierra, y da igual que estés dispuesto a aceptarlo o no: es obvio que toda tu vida has estado llevando la piel de tu enemigo.

—Si quiere echarle un vistazo, adelante —dice Marlen—. No se *creerá* cómo los dejan. A veces me parece que se van a despertar y volver a la vida igual que Lázaro —dice, ja, ja.

—¿Quién es Lázaro? —dices, porque incluso Marlen, con su Biblia, lee más que tú.

Marlen te mira y niega con la cabeza. Eres un

político, está pensando. A diferencia de ti, él tiene *experiencia con el mundo real*, sabe más que tú *del mundo, de la vida*, conoce la Biblia y ha aprendido mucha *gramática parda*, y Marlen abandona la sala hablando solo, con la aspiradora en la mano, como si no te merecieras oír lo que dice, pero gracias a tu oído prodigioso lo oyes contestar tu pregunta en voz alta al otro lado de las puertas cerradas:

—¡Jesucristo lo trajo de entre los muertos! ¡Lo resucitó! Lo sacó de su cueva. «Y Jesucristo les dijo: "Quitadle la mortaja y dejad que se vaya".»

No estás listo para ver a Greg Tampico. Todo esto todavía podría ser alguna clase de broma o de accidente, piensas. En plan: quizá el velatorio del que está hablando Marlen no es el de Greg Tampico, *no lo sabes*, pero de pronto *no quieres* que Greg Tampico esté al otro lado de la partición de la sala.

Porque si Greg Tampico no está al otro lado de la partición, eso significa que Vicky tenía razón; significa que Greg Tampico te regaló el cerdo hormiguero para hacerte sentir lo que estás sintiendo *(amor)*; para que te des cuenta de que una vida pública en el sector privado con Greg Tampico es una perspectiva *muchísimo* mejor que una vida privada en el sector público sin él, y ahora en serio, o sea, *lo único que necesitas* es que Greg Tampico se te acerque por detrás, te tape los ojos con las manos y te diga lo mismo que te dijo cuando huiste de su apartamento, aquellas palabras que oíste desde la escalera, mezcladas con sus lloros: «Qué *ciego* estás, qué completamente *ciego* estás, joder», y aunque en aquel momento te pareció que estaba hablando consigo mismo, maldiciéndose a sí mismo, ahora entiendes que te maldecía *a ti*, y Alex Wilson, es cierto, has estado ciego, joder.

Caminas hasta la partición, agarras las manecillas y se abre toda la mampara de acordeón.

El flaco Titus Downing regresa del Green Otter, cortésmente borracho de una sola cerveza y cargado de vituallas, mientras el arco de luz del sol toca las doce cabezas de los ciervos como las manos de un sacerdote. Las colas de gente han desaparecido, no hay nadie mirando los escaparates. Fuera sólo queda la compañía teatral.

Los chavales, que ya empiezan a sentir las primeras olas de la resaca, están desplomados en la entrada del taller de Downing, con las gargantas secas, las caras desmejoradas y quemadas por el sol. Están esperando a que Downing vuelva para que les pague y poder seguir emborrachándose. Tienen las rodillas sucias, los brazos entrelazados, hace rato que han perdido las zarpas, pero sus cabezas, todavía con los hocicos de cerdo de papel maché, se mecen ligeramente mientras entonan entre hipidos sus torpes y sobrias armonías: «Phyllis se (¡hip!) llama mi (¡hip!) amor», de manera que ésa es la tonada que Downing va silbando en tono distraído cuando pasa amigablemente entre ellos y entra en su taller, donde lo espera el afamado especialista en prótesis Harold Skinner, su excompañero de habitación.

—Amigo mío —le dice Downing—. ¿Cómo nos va?

El bigote de herradura pulcramente recortado de Skinner está empapado de sudor y pegado a su cara.

—Bueno, lo he vendido —dice.

—¿Por cuánto? —pregunta Downing.

—No por mucho, me temo. Lo ha comprado un alemán.

—¿Un *alemán*? —dice Downing, y mira con añoranza la mesa donde se encontraba el cerdo hormiguero, que ahora ya no está.

Se desploma en la misma silla donde se ha sentado antes Rebecca Ostlet y escucha aturdido mientras Skinner le cuenta que Rebecca ha estado aquí todo el tiempo, y que no han entrado en el taller otras mujeres porque los chavales las han ahuyentado. Que la gente no se ha quedado mucho, aunque ha sido por el calor terrible que hacía, dice Skinner para que Downing no se sienta mal.

Y Skinner le explica con mucha amabilidad que los caballeros no han apreciado el valor del cerdo hormiguero, pero que a Walter Potter, que sabe de qué habla, le ha encantado. Ha dicho que era una obra maestra.

—Es que *es* una obra maestra —dice Titus Downing.

—Hay más —añade Skinner.

Y se pone a contarle a Titus Downing lo de las perras: que lady Ostlet, el señor Potter y el señor Skinner han seguido a las Brontë hasta su dormitorio privado del piso de arriba y se han encontrado... lo que se han encontrado. Y aunque Harold Skinner conoce a Downing quizá mejor que nadie, le recuerda, porque pasó dos años viviendo con él en un pequeño cuarto de Oxford, y es perfectamente consciente de las «preferencias» de Titus Downing, consciente del poco interés que Downing ha mostrado *siempre* por la compañía femenina, tiene que admitir que la imagen de un hombre ciego y desnudo en la cama con dosel de Titus Downing lo ha *escandalizado*.

—Rebecca ha vestido a Richard —dice Skinner— y se lo ha llevado al carruaje. —Y supone que en estos momentos seguramente ya deben de estar en el tren de vuelta a Londres, hablando de los nuevos ojos prostéticos que él, Harold Skinner, le diseñará y le fabricará cuando regrese él también a Londres.

Skinner sólo se refrena de describirle a Downing la triste imagen que supone que el propio taxidermista ya se puede imaginar: que cuando Rebecca ha subido a su marido al carruaje, él no se ha disculpado para nada, ni tampoco le ha dicho que la quiere, sino que se ha limitado a comunicarle, a su manera, lo que espera de ella a partir de ahora. Y Skinner ha visto cómo Rebecca le acunaba la cabeza vendada a Richard con uno de sus brazos, diciéndole algo así como: «Todo irá bien, querido, no te preocupes de nada», y «tranquilo, querido, no te preocupes», pero lo que Skinner no puede saber, y por tanto tampoco puede ocultar, es que Rebecca Ostlet asistió ella sola, sin Downing, a la charla que dio John Turtle Wood en la Royal Institution sobre las ruinas del templo de Artemisa en Éfeso.

Y que allí conoció a un joven ingeniero civil, poco atractivo pero gracioso, y que ella y el ingeniero civil poco atractivo pero gracioso se han estado viendo con regularidad, que tienen planes para casarse, y que Rebecca, de hecho, está embarazada de poco; pero ahora todo eso se ha ido al garete. La legislación inglesa en materia de divorcio, aunque mejor que antaño, sigue siendo *mala para las mujeres*, y a Rebecca Ostlet *no se le escapa* que los hombres se han pasado siglos discutiendo sobre las almas de los animales sin prestar atención a las de las mujeres, y Rebecca sólo podrá divorciarse de Richard si puede demostrar su adulterio, pero su adulterio, hay que decirlo, *no es del tipo común* —y sabe que cualquier revelación pública comportaría una ruina universal—, de forma que Rebecca, mientras se marcha de Leamington Spa con su marido ciego y con las Brontë, tiene muy claro cómo le va a tocar pasar los años que le quedan:

La botánica sabe que hay hierbas, como el bérbero, el cornezuelo, el tusilago y el calomelano. Están el áloe y el apio, la cimífuga y el eléboro, está la hierba de San Nicolás, pero la mejor opción, en su opinión, son el poleo, la atanasia o la sabina rastrera, sustancias abortivas que se pueden conseguir en la farmacia, subrepticiamente comercializadas con nombres como Píldoras de Beecham, Píldoras Católicas de Farrer, el Amigo de las Mujeres de Hardy o el Compuesto Vegetal de Lydia Pinkham, y también están las Pastillas Lunares de Madame Drunette, las Perlas de Salud del Anciano Doctor Gordon —Skinner no puede saber lo que está pensando Rebecca Ostlet—; o bien podría arriesgarse a que la detuvieran por buscar una «lavativa» de cincuenta guineas. O bien podría sufrir una caída controlada por la escalera.

—Ya veo —dice Titus Downing, y echa mano en silencio de su billetera. Paga a Harold Skinner. Le da las gracias por su tiempo y le acepta el lastimoso recibo de compra del alemán.

Skinner mira a su viejo amigo y se detiene en la puerta del taller.

—Me puedo quedar a pasar la noche si quieres —dice.

Downing le asegura que está bien. Que prefiere estar solo, y le vuelve a dar las gracias a Skinner cuando éste se marcha. Luego Downing paga a la compañía teatral y les da la cesta de mimbre que se ha traído del Green Otter. El pato con alubias se ha amazacotado, pero las botellas de Malbec son recibidas con alborozo, y Downing se queda un momento en su entrada, mirando cómo los chavales se quitan de cualquier modo los disfraces, vuelven a entrelazar los brazos y se turnan para beber de las botellas mientras se alejan dando brincos hacia el Leam.

El sol amarillo se está poniendo naranja. El río fluye. Los chavales van bailando y cantando: «Pero siempre te da diversión, pero siempre te da diversión», y Downing cierra la puerta del taller con un tintineo de campanillas. Luego echa la llave.

Las miradas de todas las criaturas disecadas lo siguen mientras atraviesa la trastienda, pasando frente al pellejo negro y peludo del schipperke e inhalando lentamente el hedor de la piel del tigre de Bengala. Todo está abandonado. Todo está en silencio. En el aire flotan pesados vapores calientes y estivales de arcilla, de almizcle y vinagre, de jabones de arsénico, de pimienta roja y taninos y sulfato de calcio. Y, por encima de todo, el aroma a romero del alcanfor.

Titus Downing camina hasta la mesa donde trabajó en la piel del cerdo hormiguero y destapa un frasco de cristal. Se echa en la palma de la mano unas pastillas blancas que parecen dientecitos y se las lleva al piso de arriba, a su dormitorio, donde el artista se tumba en su cama, y donde el olor cálido a carne del cuerpo de Richard Ostlet es un fantasma en las sábanas.

Entra en escena el ataúd. Las luces de la zona del velatorio que hay detrás de la partición todavía no están encendidas, pero cuando abres la mampara de la sala, queda al descubierto un enorme ataúd reluciente, negro y de formas cuadradas, que te recuerda de inmediato a tu Tahoe. Pones las manos sobre la madera y sientes un frío que te sobresalta, como si lo hubieran fabricado con un árbol de hielo, y te preguntas con qué clase de madera lo habrán hecho, y no puedes saber que es una madera procedente de un árbol llamado *árbol del plomo*, *Combretum imberbe*, una de las maderas más fuertes de la Tierra, ni que está importada de Namibia; pero sea lo que sea, piensas, la tapa es pesada, requiere dos manos para levantarla, y cuando lo haces, de dentro emana el mismo olor a romero que impregna la funeraria entera, y se te infiltra una palabra en la conciencia: *alcanfor*, y sabes que es alcanfor porque la señorita Sline te propuso hacer un proyecto de ciencia que examinaba el papel del alcanfor en la muerte de las cucarachas, y metiste (o mejor dicho, tu yo de diez años metió) cinco cucarachas en un frasco, dejaste caer dentro una pastilla blanca de alcanfor y observaste cómo a lo largo de dos días las cucarachas, una por una, se ponían panza arriba, arqueaban las patas larguiruchas y se morían.

Aparte de las cucarachas, nunca has visto un

cadáver, al menos no de cerca, y aunque el cuerpo de Greg Tampico está claramente muerto, también tiene un aire extraño de no muerto.

Mirar su cuerpo, piensas, es exactamente igual que mirar el cuerpo de un puñetero *maniquí* de grandes almacenes.

Gracias a Dios, tiene la cara cubierta. Los ojos están tapados con una tira de tela blanca que parece una venda, y estás seguro de que la funeraria ha decidido esto por razones que no te quieres ni plantear, pero aun así te las planteas: como por ejemplo que los bordes de los párpados están recién sellados con pegamento, y que el pegamento *todavía no se ha secado*, y que el retraso se debe a eso, y que a las tres los párpados ya estarán secos y le podrán quitar el vendaje; de forma que te alivia que los ojos estén cubiertos, vendados, porque ciertamente no te apetece verlos, ver esos dos orbes azules que parecían dilatarse y abultarse cada vez que Greg Tampico te veía subir la escalera de su dúplex, y los conoces bien, conoces cada matiz de su color, su resplandor vidrioso, has pasado *horas* mirándolos fijamente, horas *incontables*, te das cuenta, y observarlos fijamente siempre te hacía sentir que formabas parte de algo grande, más grande que *tú*, y sabes que Greg Tampico se sentía igual porque una noche los dos estabais descansando en brazos del otro, admirando el cerdo hormiguero disecado, cuando él te miró y te dijo con gran solemnidad:

—Qué raro, estoy teniendo un *déjà vu*.

Y te acuerdas de que por entonces te pareció una tontería. Le clavaste un dedo en la panza y le llamaste en tono de burla «bobo», o algo parecido, pero él te dijo:

—No, en serio, lo juro por Dios, hemos hecho esto antes.

Que es exactamente lo que estás pensando ahora, de pie junto a su cuerpo.

Menudo embalsamador tan vago tienen en Murphy & Milliken, no le deben de pagar ni un centavo por encima del sueldo mínimo. Y está claro que no ha invertido *ni un segundo más* que el tiempo indispensable en lavar el cuerpo con algún desinfectante barato antes de afeitarle la cara y afianzarle el mentón con una especie de alambre y a continuación drenarle toda la sangre de las venas y reemplazársela con alguna clase de formaldehído extraño; y le ha lavado el pelo y se lo ha peinado hacia un lado (exactamente de la forma en que *nunca* lo llevaba); le ha cubierto la piel cenicienta con una pasta de color tostado extendiéndosela de cualquier manera sobre las manos, cuello y cara, cubriendo los poros de esa carne muerta a la que una vez conociste como Greg Tampico, pero *el color* está mal, es demasiado pálido para ese hombre que siempre lucía un bronceado cuarteado por el sol de Namibia; y el ángulo en que está acostado el cuerpo en reposo se ve *forzado*, hay algo como *incorrecto* en ese ángulo, y aunque supones que el embalsamador lo hace con todos los cuerpos para que parezcan más *en paz* o *en reposo* —para eso están las almohadas—, el cuerpo de Greg Tampico no queda convincente en absoluto.

Aunque lleva un esmoquin de gala, el mismo que llevaba cuando os conocisteis, la forma en que le han apoyado los hombros anchos en sendos cojines de seda, la forma en que han cruzado las manos, con la izquierda sobre la derecha como si su dueño fuera religioso o no apóstata, la forma en que le han ladeado la cabeza una pizca a la derecha, como si estuviera dando la bienvenida a los asistentes al velatorio, *no tiene nada que ver* con la forma en que el Greg Tampico de verdad te miraba desde la almohada de su cama, y aunque no conoces —ni conocerás nunca— la palabra *jiva*, es el término que estás buscando ahora: lo que sea que el taxidermista plasmó tan bien en el cerdo hormiguero no se ha conseguido plasmar *ni de lejos* en el cuerpo de Greg Tampico, de manera que mientras lo contemplas experimentas la peculiar sensación de que ése es el cuerpo de Greg Tampico y al mismo tiempo no lo es en absoluto. Es una pesadilla.

Cierras la tapa del ataúd.

Notas que te entran ganas de llorar, así que sacas el móvil. Te sientas en un banco. Ya tienes 18.709 mensajes de texto y 24.002 e-mails sin leer. Te van a entregar una citación judicial. Se está a punto de formar un comité en el Congreso.

Ojear los e-mails y los mensajes de texto es lo que te tranquiliza, te produce una quietud extraña, el estruendo de los medios de comunicación ya no te preocupa, y sientes algo parecido a la calma de un ciego que por fin recibe el don de la visión y entonces descubre que no hay nada que ver; o quizá te pase como a ese tal Lázaro, que cuando salió de su cueva y vio que Jesucristo ya no estaba, porque, en fin, *ya había terminado con él*, debió de darse cuenta de que no le quedaba mucho más por hacer que seguir viviendo sin pompa ni ceremonia, porque una vez concluido el milagro, pues eso, *luego* ¿qué?

Y así es como te sientes mientras lees tus e-mails, hasta que llegas a uno que dice quién te va a investigar y el teléfono está a punto de caérsete —como en las películas— de las manos.

El líder del comité que va a investigar el cerdo hormiguero y que, en cuestión de semanas, sacará a la luz una horda de irregularidades financieras y delitos susceptibles de impugnación no es otro que el representante William *Billy* Rutledge (D).

—¿Qué *pasó*? —le preguntó Downing a Ostlet anoche.

Todo empezó con el cerdo hormiguero. La noche en que el cazador regresó al campamento con el animal, acababa de dejarlo en el suelo para desangrarlo cuando vio luz en la tienda de campaña de Richard.

—Ya era tarde cuando entró —dijo Ostlet—. Nadie sabía que había venido, y yo estaba acostado con un paño húmedo sobre los ojos.

Cuando el cazador dijo que tenía algo que mostrarle, Ostlet se disculpó. Se quitó la compresa.

—Ahora no —le dijo—. Los ojos me están matando.

El cazador, que estaba en los huesos pero era fuerte, se arrodilló a su lado.

—Soy médico —dijo.

—Estoy bien —dijo Ostlet, pero no protestó cuando el cazador le quitó la compresa ni tampoco cuando le puso una mano sobre los ojos.

Fue entonces, le contó Ostlet a Downing, cuando el cazador empezó a acariciar su cuerpo gordezuelo, le desabotonó los pantalones y le explicó con voz suave que la naturaleza no era ningún crimen; que era *común* entre ciertos hombres africanos entablar mientras estaban de expedición lo que se podría llamar *sexo recíproco*; que era *común* entre aquellos hombres declarar más amor a sus muchachos-esposas que a sus muchachas-esposas, ¿y por qué no podía sir Richard Ostlet, le dijo el cazador, *permitirse a sí mismo* no sentir más dolor? Y aquél fue el momento, explicó Ostlet, en que se dio cuenta de que amaba a Downing, y Ostlet le suplicó a Downing que lo perdonara, porque ¿cómo iba a haberlo sabido antes, cuando no había *lenguaje* para describir cómo se sentía, cuando no había *conceptos aceptados*?, y el mero hecho de *in-*

tentar hablar de aquello habría apestado a revuelta, pero a revuelta condenada al fracaso, una revuelta encaminada a una libertad que Ostlet no sabía que existía; porque ¿acaso no sabía Downing que Gran Bretaña estaba perfectamente satisfecha dejándolos a su aire siempre y cuando mantuvieran la *ambigüedad*? ¿Y acaso Downing no había crecido leyendo durante décadas, igual que Ostlet, las historias de los miles de almas que intentaban amarse entre sí *sin ambigüedades*, o bien de aquellos a los que *pillaban* y juzgaban por toda Inglaterra en las audiencias judiciales, o en las sesiones trimestrales y... los colgaban? ¿Acaso Downing era tan *tonto* como para no ser consciente de la ley de Delitos contra la Persona y arriesgarse a que los encerraran a los dos durante años, tal como encerraban a aquellos hombres, en la cárcel de Reading?

El cazador se había sostenido la polla bamboleante como si fuera un polluelo.

—La naturaleza —contó Ostlet que había dicho el cazador, mientras empezaba a acariciarlo—, a diferencia del hombre, no hace nada en vano. Dios es la naturaleza y, como Dios es la naturaleza, no ha creado nada en vano. Por tanto, el alma no puede morir nunca. Es inmortal y está en tránsito perpetuo.

»A la mañana siguiente —siguió diciendo Ostlet—, el cazador me enseñó el cerdo hormiguero, pero yo estaba enfermísimo. Sentía que los ojos se me iban a salir del todo de las cuencas, y el dolor, tengo que decirlo, era intolerable.

Le explicó a Downing que mirar aquel enorme cerdo hormiguero muerto lo había llenado de melancolía, por el animal, por sí mismo, por Downing y por todo aquel puñetero *tiempo desperdiciado*, y sin embargo también había visto belleza. Se acordó de lo que le había dicho el cazador la noche anterior y en su mente empezó a cobrar forma un rumbo que seguir.

—Aquella noche sí que tomé alcanfor y whisky, pero no para morir —dijo—, sino para insensibilizarme antes de la operación.

Y a primera hora de la mañana siguiente, después de que el cazador le contara a todo el mundo que sir Richard se había muerto y los dejó a solas con su pena, regresó a su tienda, muy alejada de las tiendas de los británicos, donde lo esperaba Ostlet, semiiconsciente.

—El cazador calentó una vara de hierro en el fuego y después me cortó y me quemó los haces de nervios oculares —le contó Ostlet a Downing—. Literalmente me extirpó los ojos de la cara. Los metió en un frasco lleno de glicerina y formaldehído, que era la «solución preservativa» del cazador, o eso dijo, y luego guardó el frasco en mi gabinete de especímenes.

El cerdo hormiguero le fue enviado a Titus Downing por medio del asistente de Ostlet. El gabinete, desgraciadamente y por accidente, fue a parar a manos de Rebecca Ostlet.

—Me quedé un tiempo en África para recuperarme —dijo Ostlet, y estando allí ordenó que se construyera un ataúd, un ataúd *sellado*, y que se enviara a Londres para probar su muerte.

—¿Qué había *dentro*? —dijo Downing.

—El ataúd iba vacío —respondió Ostlet—. Pero cuando llegó a Londres *nadie* creyó que lo estuviera.

Y siguió explicando que la madera que se había usado para construirlo era una madera africana extremadamente pesada, procedente de una especie única de árbol llamado *Combretum imberbe* que se sabía que sólo existía en el sur de África y conocido por el nombre común *árbol del plomo*, y era un árbol que podía vivir miles de años, le había explicado el cazador, venerado tanto por los herero como por los namaqua, porque para ellos el árbol del plomo era el gran curandero, el antepasado común de los animales y los hombres.

—Cuando me recuperé lo suficiente —siguió diciendo—, volví en primer lugar a Londres, a Gloucester Walk. Tenía la esperanza de encontrar la casa vacía en algún momento en que Rebecca *saliera*, para poder *entrar* y salvarla de abrir el gabinete, de encontrar mis... —Y al llegar aquí Richard se detuvo el seco—. Pero *no salía nunca* —añadió.

Y aunque pasó varias veces frente a su piso, sabía que las viudas podían estar *hasta un año entero* de duelo, sin salir para nada de casa, de manera que Ostlet, oyendo el ladrido de las Brontë cada vez que pasaba, y oliendo las rosas que llenaban su piso, dio por sentado que su mujer habría regresado a su botánica, que se habría entregado al cultivo de rosas y que estaría perfectamente satisfecha, y en este sentido Downing no le corrigió.

—Pero *¿por qué?* —preguntó el taxidermista—. ¿Por qué hacer algo así?

—Pues por el dolor —respondió Ostlet, y estiró el brazo a ciegas para rodear la fina cintura de Downing—. Ya no lo podía *soportar*...

—Dickie —se oyó susurrar Titus, y tocó el vendaje que envolvía la cara de su amante.

—Soy yo —dijo Richard, y los dos hombres se cogieron de los antebrazos.

Y Downing sonrió, llorando, y Ostlet abrió la boca y, a su manera, lloró también, consciente de que, como todo el mundo creía que estaba muerto, por fin iba a poder *vivir*, retirarse con Downing a su granja en Northumberland tal como Downing siempre había soñado, porque a partir de ahora *todo era posible*, y lo único que necesitaban era vender el cerdo hormiguero gigante disecado por la suma más elevada posible...

Sale de escena el cerdo hormiguero y entra la noche. Es agosto. Entra en escena una brisa cálida y pasajera por una ventana abierta mientras Titus Downing sigue sentado en su cama con dosel. Le duele la mano con que sostiene el alcanfor. Se fija en que la cicatriz parece la mitad de un halo. Tiene cuarenta y un años.

Después de que Ostlet le explicó lo sucedido, Downing, reconfortado por su creencia en que las almas no son destruidas en la muerte, en que las almas no se crean ni se destruyen, sino que se *transfieren* y se *heredan* de forma infinita, esperó a que su amante se durmiera y luego bajó con sigilo la escalera hasta su taller. Allí se plantó en camisón delante de sus tronadas mesas de trabajo de pino y de sus hileras de frascos de cristal llenos de sal de tártaro y de vino de palma.

Descolgó de su clavo de la pared el fardo de tela y eligió el punzón. Fue hasta el cerdo hormiguero.

Lo tumbó de costado y grabó minuciosamente bajo el soporte de madera de árbol del plomo, hundiendo mucho el punzón, un símbolo de buena suerte, una pequeña cruz gamada, el símbolo hindú de la naturaleza de la máquina del universo, de cómo los ciclos del *jiva* avanzan pacíficamente hacia el infinito.

«¿Cuántas vidas habré vivido ya?», se pregunta ahora Downing, desvistiéndose. Dobla su ropa con pulcritud en forma de cuadrado, como si la ropa fuera un cuerpo que llevara durante una estación y se lo quitara en la siguiente. Si su alma no va a expirar nunca, piensa el taxidermista mientras se traga una a una las pastillas de alcanfor, la estación siguiente sólo le traerá más de lo mismo.

Lo que venga a continuación no será más que la nueva «disposición de una piel».

«Cuando no puedas hacerles ver la luz —decía una frase muy famosa de Ronald Reagan—, hazles sentir el calor», y es la frase que citó Rutledge la primera vez que vio el ejemplar de *Imágenes de la grandeza* que decoraba tu mesilla del café.

Entra en escena Rutledge hace seis meses, en tu casa adosada. Entra en escena un congresista en ciernes joven y apuesto como tú, rubio y de musculatura desarrollada, que citó a Ronald Reagan el día en que te conoció, tratando de desconcertarte para que confiaras en él a pesar de que era demócrata. Entra en escena Rutledge, que una vez te dijo, negando con la cabeza con actitud compasiva, que conoce a Nancy Beavers desde Georgetown y que «más te vale andarte con cuidado, porque es más dura que una piedra».

Aunque dabas por sentado que hacía tres días que Rutledge se había marchado de vacaciones a su granja con su mujer y sus cinco hijos, aprovechando el receso del Congreso, ahora te queda claro que *no ha estado en la puta granja*. Rutledge ha estado merodeando por el 2486 de Asher Place, *vigilándote* sin que tú supieras que lo estaba haciendo; y puede que fuera la misma *semana pasada*, mientras los dos bebían cerveza light y comían sándwiches de manteca de cacahuete y jugaban al Scrabble en tu cocina, cuando Rutledge le mencionó despreocupadamente a Olioke una dirección que visitabas a menudo en King Street, Alexandria, una dirección registrada a nombre de Gregory Tampico, y, por cierto, ¿acaso conocía Olioke a aquel tal Tampico?

Pues claro que Olioke lo conocía. Gregory Tampico y Solomon Olioke (y, en serio, *odias a muerte a Olioke*, con todas tus fuerzas) tienen en común *Namibia*, y Olioke ha asistido a muchos eventos de recaudación de fondos de la Fundación Felicidad, ¿y cuántas veces, en salones de baile, entre mesas engalanadas con porcelana fina, entre lámparas de cuentas resplandecientes y velas, mientras se servía picada de pollo tibia y una especie de langostinos, *cuántas veces* has visto a Olioke allí plantado en un rincón, inexpresivo como un perchero?

No tienes amigos. Estás perdiendo alianzas a puñados. Greg Tampico ha muerto. Le caes mal a tu madre. Le caes mal a Toby Castle. Hasta Olioke, que es republicano como tú, te ha dado una puñalada por la espalda para ayudar a Rutledge, ese puto secuaz de la puta Nancy Beavers, pero la razón de esa puñalada te resulta inexplicable hasta que te acuerdas de algo: *el cerdo hormiguero*. Olioke *sabía* que Tampico lo tenía.

Después de que Tampico dimitiera y dejara de dirigir la fundación, Olioke debió de querer *devolvérselo a su gente*, piensas, y, *en serio*, el tío podría simplemente haber cogido el cerdo hormiguero y habérselo llevado de alguna forma, sin meterte a ti de por medio, pero *no*: Nancy Beavers le estaría «superagradecida», le aseguró Rutledge a Olioke, y cuando llegara el momento, y todo el mundo sabía que llegaría tarde o temprano, Beavers «*no se olvidaría* de la buena gente de Rhode Island». Y mientras te diriges a la salida de Murphy & Milliken, encajando cómo se ha desarrollado todo, eres *muy* consciente de la ironía de la misiva de tu campaña de reelección, «dividir para unir». Porque tienes claro que los dos juntos, republicano y demócrata unidos, Rutledge y Olioke, *os han espiado a Greg Tampico y a ti*.

Debieron de pasar horas sentados en un coche sin luz delante del dúplex de Tampico. Después de que huyeras de casa de Tampico la última vez que os visteis, Rutledge y Olioke debieron de seguir a los médicos que salieron en tromba de la ambulancia cuando a Tampico lo encontró su casera. Y debieron de plantarse los dos juntos frente a la colcha de piel de cebra después de que se levantara el cadáver, discutiendo qué hacer, hasta que Rutledge dijo que se le había ocurrido una idea: *Olioke* podía contactar con tu equipo para avisar de la muerte de Greg Tampico, y *Rutledge* podía cogerles prestados un uniforme de FedEx, un camión de FedEx y una tablilla sujetapapeles, todo por cincuenta dólares en metálico, a un par de heroinómanos que llevaban un centro automatizado de FedEx que él conocía. Y *Olioke* mangó una hoja de papel con el membrete dorado de Tampico de la pila desordenada que siempre tenía encima de su cajonera francesa de imitación de estilo Luis XIV, al lado del cerdo hormiguero, y metió tanto la nota en blanco como el cerdo hormiguero en una caja de embalar marrón de gran tamaño; y luego *Rutledge*, con gafas falsas y una grotesca barba falsa y uniforme de FedEx, y confiando en el hecho de que nunca miras nada con demasiada atención más que el espejo, *te lo entregó en mano* ayer por la mañana en la puerta del 2486 de Asher Place...

No tienes pruebas. Pero el instinto te dice que todo esto es verdad, y dentro de seis semanas, cuando comparezcas ante el comité del Congreso para rendir cuentas de tus diversos crímenes, será la razón de que mires a los ojos al representante Rutledge y te disculpes. Y le digas que no recuerdas nada del repartidor de FedEx que te trajo el cerdo hormiguero más que los pequeños detalles que ya has contado. No recuerdas nada de nada.

Fuera de la funeraria hace un día típicamente norteamericano, caluroso y de cielo azul. Los coches han empezado a entrar en la rotonda y comienzan a salir desconocidos de ellos, gente blanca y gente negra, joven y vieja, que conocía a Greg Tampico, gente a quien le caía bien y gente que lo amaba, y llevan atuendos simples y respetuosos, trajes negros y vestidos negros, y todos parecen conocerse entre ellos —entre lágrimas, abrazándose—, hasta que entra en escena el florista con varias fanegas de flores, no sabes de qué clase, flores amarillas y blancas, y sus empleados las meten en el recinto a brazos llenos mientras llega más gente con la comida, un festín enorme de comida que por su aspecto y su olor debe de ser africana, y otra persona está trayendo un enorme libro de invitados al funeral y un letrero dorado y barato para la entrada cuyo texto suena fatal: CELEBREMOS LA VIDA COMPLETA DE GREGORY ALLEN TAMPICO.

No quieres participar. Te metes en el Tahoe, que no será tuyo por mucho tiempo. Y cierras la portezuela.

Y ahí te quedas sentado, agarrando el volante y con la cabeza apoyada en las manos, durante *treinta y dos minutos*, que es el tiempo que tardarán en encontrarte los paparazis y el agente Anderson y Brian Castle, sentado a solas en el Tahoe, en el aparcamiento de una funeraria barata de Alexandria, Virginia, con la cabeza apoyada en las manos como si estuvieras sollozando en silencio, y *ésa* será la última imagen que se retransmita de tu caída, y, por Dios, ¿qué pensarás cuando te veas en semejante estado por la tele, y está claro que lo harás? O, por ejemplo, cuando empiecen a llegar todos los *memes*, como llegaron los de Keanu comiéndose el almuerzo en aquel banco del parque, y digan cosas como EL FASCISTA TRISTE ESTÁ TRISTE o ALEX WILSON TRISTE ES EL NUEVO KANYE TRISTE ES EL NUEVO KEANU TRISTE, o bien te representen llorando con una pelota de voleibol en el regazo añadida con Photoshop: *¡WIIILSON!*

Pero se equivocan. Mientras sigues ahí sentado, esperando a que descienda el mundo sobre ti, no estás llorando. Te estás preguntando qué habrán hecho con el cerdo hormiguero.

La última vez que lo viste estaba dentro de tu Tahoe, y Olioke estaba en la cocina, preparándose un sándwich de mantequilla de cacahuete con su cuchillo de pelar oxidado, esperando a que encendieras la tele del piso de arriba, y en el momento en que oyó encenderse la tele, debió de dejar el cuchillo y cruzar tu sala de estar. Debió de abrir la puerta de tu garaje, y allí, cuando encendió la luz, debía de estar Rutledge, esperándolo junto al maletero del Tahoe.

Y Rutledge abrazó el cerdo hormiguero por el soporte y lo levantó como si no pesara nada (levanta 130 kilos de pecho), luego lo subió a la cocina, lo metió debajo de tu encimera de mármol de desayunos italiana Calacutta hecha a medida (12.487 dólares), y se volvió sin que nadie lo viera a su habitación mientras Olioke regresaba a la cocina. Y Olioke no ha dicho nada, ni siquiera se ha movido de su asiento, cuando esta tarde la puerta de tu dormitorio se ha cerrado de golpe, cuando has atravesado a toda pastilla la sala de estar, has bajado volando al garaje y has sacado el Tahoe a la calle con la marcha atrás para asistir al funeral de Tampico en Alexandria; Olioke estaba esperando, comiéndose tranquilamente su sándwich frente al fregadero, mientras tú te alejabas con el motor rugiendo hacia Murphy & Milliken, mientras todos los periodistas y paparazis cerraban sus furgonetas blancas y se ponían a seguirte, y por fin, sólo cuando ya no quedaba nadie más en el 2486 de Asher Place, Rutledge ha salido de su habitación y ha preguntado:

—¿Se ha ido?

Olioke ha cogido su teléfono.

Menos de cinco minutos más tarde, supones, han llegado a la puerta de tu casa dos chicas jóvenes con camisetas sin mangas y vaqueros de pitillo de Abercrombie, y Olioke las ha hecho entrar. Las ha abrazado; ha abrazado a las dos mayores de sus hijas namibias-norteamericanas, Rheinhilde y Herlinde, y esta última lo ha apremiado:

—Date prisa, papá, el vuelo sale dentro de tres horas.

Pero nadie se ha dado ninguna prisa especial mientras envolvían el cerdo hormiguero en plástico de burbujas, lo devolvían a la caja de cartón de gran tamaño, la sellaban con precinto y la llevaban hasta el camión de FedEx «prestado» de Rutledge, que debía de haber estado (y aún estaba) aparcado todo aquel tiempo a una manzana de la casa, listo para llevarse el cerdo hormiguero al vientre de un avión del aeropuerto de Dulles, que es donde está ahora.

El cerdo hormiguero viajará por avión, taxi, camión de carga y luego otro camión de carga a través de cuatro países, hasta llegar a la aldea natal de los abuelos de Olioke, bastante cerca del lugar donde lo sacaron a la fuerza de un túnel una madrugada de 1875. Pero ¿qué es el tiempo?

Los herero, cuando lo reciban, no armarán ningún jolgorio, ni mostrarán efusividad alguna. Lo que harán, ataviados con sus prendas victorianas reapropiadas, las pieles de su enemigo, será cargarlo a hombros y llevarlo en comitiva hasta un magnífico *Combretum imberbe* de las inmediaciones, que en afrikáans se llama *hardekool*, y la madera del *hardekool* es muy densa, muy dura y resistente a las termitas, y será a la sombra del enorme árbol del plomo donde los herero celebrarán sin fanfarria y con discreción la nueva etapa del cerdo hormiguero. Le darán una vida nueva.

Y tú también estás a punto de recibir una vida nueva.

MESES MÁS TARDE

«Las distracciones que suponen las preguntas constantes entorpecen mi capacidad para servir al primer distrito», fue la declaración oficial que hiciste al acabarse el primer día de tu vista judicial, que se suponía que tenía que durar meses pero que se terminó en cuanto dimitiste. El *Washington Post* informa de que todavía hay en curso una inspección federal de tus gastos y de que se ha citado a una serie de testigos para que comparezcan el mes que viene ante un gran jurado; pero tu dimisión impide que haya más investigaciones por parte del Congreso.

Las autoridades incautaron tu colección de suvenires de Ronald Reagan. (La familia Reagan no ha hecho ningún comentario, aunque cada vez que se menciona la colección, y de vez en cuando siguen hablando de ella en la CNN, la califican de «siniestra».) Incautaron tu ropa. Y todas tus posesiones. Incautaron el sofá victoriano de terciopelo amarillo canario, momento en el cual sufriste un arranque particularmente intenso de depresión y llamaste a tu madre. Le pediste ayuda, financiera o de cualquier otra clase, pero ella se limitó a decirte lo mismo que te decía habitualmente: «Nunca quisiste amor, nunca», de forma que llamarla *fue* una equivocación, y a eso se debe que terminaras alquilando este apartamento de dos habitaciones en Silver Spring.

No hay luz. Tu nuevo piso está en la planta baja de un bloque de apartamentos y, lo juras, tiene exactamente la misma moqueta que Murphy & Milliken, y todas las ventanas dan a paredes, excepto una que tiene vistas a un patio de tierra situado al mismo nivel, donde hay una mesa de pícnic empantanada. Las asas de los armarios de la cocina se te pegan a la mano cuando los abres, y el apartamento viene amueblado con artículos comprados al por mayor en Bob's Pit, tal como te contó en tono risueño tu casero, y no puedes imaginarte ni remotamente a qué demonios se refería con lo de «Bob's Pit», pero tampoco te atreves a buscarlo en internet.

Es un piso barato, con moho en el cuarto de baño, pero se puede vivir en él. Es un sitio donde puedes pensar qué hacer a continuación. Tiene una tele Insignia de pantalla plana de 24 pulgadas (69,99 dólares) y wifi gratuito.

Vicky ya ha salido cuatro veces por la tele, desde el programa de Oprah hasta el de Ellen. Dice que de mayor quiere ser congresista... *¡o payaso!*, y sobreactúa para que todo el mundo se ría cada vez que dice: *¡o payaso!*

Todas las noches te traes a casa comida china del restaurante local, un cuchitril llamado El Palacio de la Fortuna. Comes sentado a la mesilla de café, con pantalones de chándal y la mirada yendo del resplandor de la pantalla de la tele al de tu portátil, en busca de noticias, y antes solía haber bastantes noticias sobre ti: un tipo al que apenas conocías, pero que había hecho quinto curso contigo, en la clase de la señorita Sline, obtuvo cierta atención cuando le dijo a Bill Maher «pues *nosotros* lo llamábamos "puto pirado"» delante de las cámaras. Ahora hay menos.

Ya ni siquiera habla de ti la puta Nancy Beavers; *ha pasado a otra cosa*, tal como declaró hace meses, y se ha embutido en un traje pantalón nuevo de color mantequilla para hacer campaña. «Es mejor que Norteamérica *se olvide de él*», dice, y nuestro país es imperfecto, añade, pero es mejor que ningún otro cuando se trata de *combatir la injusticia*, y mientras ella sirva al primer distrito seguirá combatiendo la injusticia por el bien de nuestros *hijos*, ¡y cómo se apoya en esa palabra! Su marido de aspecto castrado, Cody Beavers, y sus dos hijas de cara redonda, Bailey y Alicia, están pegados a sus costados mientras Nancy habla de su programa electoral revisado, que se basa en la

Familia, pero en una Familia distinta para todo el mundo, porque en este país todo el mundo es distinto, y por eso Norteamérica es *Norteamérica*, y entonces suena la canción de su campaña, *Por eso Norteamérica es Norteamérica,* y te ríes porque Nancy no sabe que es un eslogan de la marca Subaru, y la vieja Beavers, se lo tienes que reconocer, sabe de veras apoyarse en esos topicazos, y tiene un índice de popularidad del 78 %, pero ahora mismo apenas lo puedes soportar.

Ya sabes cuál va a ser la pareja de candidatos demócratas a la presidencia para las elecciones de 2024, que es la razón de que Rutledge te sacara a rastras de tu túnel: Beavers-Rutledge. Que Dios te ayude.

Apagas la tele. Tienes que dejar de esperar a que digan algo nuevo, o a que pase algo. Porque no va a pasar nada.

Además, tienes que trabajar mañana.

Hay una persona que sigue contigo. Que nunca te ha abandonado. Es Barb Newberg, quien te ha encontrado este apartamento y un puesto en la Biblioteca del Congreso, que es adonde has estado yendo a trabajar durante el último mes.

Estás en el edificio Jefferson. Eres lo que llaman un «investigador júnior». Es el típico trabajo normalmente reservado a universitarios recién licenciados, y los únicos hombres adultos a los que ves allí son tipos cansados con calvicies en distintas fases y abominables camisas Oxford de manga corta marca Van Heusen y compradas en Amazon (18,99 dólares), de las cuales les asoman fláccidamente los brazos pálidos.

Son unos hombres que parecen congelados en el tiempo, con las camisas remetidas por dentro de los pantalones caqui planchados con raya delante y cinturones de cuero trenzado por encima de los cuales les cuelgan las panzas blandas. Calcetines negros de lana metidos por dentro de mocasines de tira baratos sin la tira de delante (no sabes si por olvido o negligencia), y hace tanto tiempo que llevan los mismos mocasines que los tacones se les han desgastado por detrás hasta quedar inclinados, lo cual los hace caminar un poco patizambos. Cuando ves cómo arrastran los pies por los suelos de mármol del magnífico edificio Jefferson, es como si estuvieran en sus *salas de estar*, piensas, con una taza de manzanilla a mano; apenas hablan, y cuando dicen algo lo hacen en voz baja *de verdad* —«falta papel en el lavabo de hombres», susurran—, y no son desagradables; simplemente hablan con sencillez y carecen de curiosidad, como si llevaran una década sin sexo.

Parece haber mujeres por todas partes. Está claro que el lugar es suyo, a juzgar por cómo retumban por toda la biblioteca sus voces de pájaros mandones, y las oyes hablar en tono autoritario del estado de las salas de lectura y de las guarderías donde han dejado a sus niños, y todas llevan esos zapatones de hebilla con suela de una pulgada que suelen llevar las señoras de mediana edad con las rodillas jodidas; y los muslos se les ven todos apretados y constreñidos dentro de unos pantalones de tela demasiado pequeños, unos pantalones que quizá les habrían quedado bien hace ocho años, pero todavía no consiguen hacerse a la idea de que han de comprar una talla más grande; metidas por dentro de los pantalones de tela llevan blusas de seda falsa y endeble, encima de las cuales se echan unas rebecas ligeras de cortes diversos, que todas llevan para combatir el implacable aire acondicionado, y sus espaldas de mujer son todas gordas, anchas y encorvadas, como si alguien se hubiera pasado años sentado encima de sus hombros, tienen una mala postura terrible, y da igual qué accesorios usen, todos los pendientes y collares y fulares baratos no consiguen esconder los michelines de sus figuras, y a veces te sorprendes a ti mismo observando cómo *se parecen* entre sí todos los hombres pero cómo de *extrañamente distintas* son todas las mujeres: algunas tienen las panzas enormes, parecidas a pelotas cubiertas de tela, y otras tienen los traseros gordos y todo el tiempo se los intentan tapar con unos jerséis que nunca son lo bastante largos, y a otras les asoma la grasa por los costados, como si a falta de otro sitio para meterse les hubiera terminado *en los costados*, y cuando te las quedas mirando como las miras tú, como diciendo, *oh, pobrecita*, siempre te devuelven la mirada con una expresión colectiva que transmite en todos los casos la misma combinación de lástima y burla.

Tu evaluación la lleva a cabo tu jefa, una buena amiga de Barb Newberg que se llama Marjorie Pinkwater.

En líneas generales, Pinkwater tiene buen cuerpo. Lleva el pelo corto, que es algo que nunca te ha gustado en las mujeres, pero por la razón que sea le queda bien, y viste con sobriedad pero con un toque de estilo: pantalones de tela planchados y esas blusas que se atan por delante, y te recuerda un poco a Diane Keaton o Meryl Streep de jóvenes. Pero Pinkwater es una mujer seria, como Barb Newberg. Se le da bien su trabajo, no le gusta la ironía y asigna a todo el mundo horarios flexibles.

De hecho, no estás seguro de que aquí nadie haya trabajado una jornada completa, todo el mundo trabaja principalmente en turnos de cinco horas, y Pinkwater tiene costumbre de regalar a los empleados por su cumpleaños unas bolsitas de colores con jabones dentro, tarjetas de regalo para Starbucks y para un lugar misterioso llamado T. J. Maxx; y aunque sólo llevas un mes trabajando aquí, hasta ahora cada miércoles por la mañana Pinkwater ha llegado a la biblioteca cargada de artículos de Panera, unos recipientes gigantes de plástico llenos de bagels, magdalenas y bollos daneses, que deja para todo el mundo en la sala de personal, y cuando un día le preguntaste a Pinkwater por qué, *por qué* tantos bollos, ella te miró como si estuvieras chiflado y te dijo:

—¡Celebración de mitad de semana!

Esta tarde Pinkwater está en la sala de personal hablando del tema de la cobertura sanitaria con los presentes mientras unta de mermelada de fresa un bagel. Ha salido en las noticias. Está presionando para mejorar la cobertura del personal de jornada parcial, dice, pero sin prometer nada, y aunque casi nunca dices nada en este sitio, en este trabajo nuevo, el entusiasmo con que Pinkwater habla de ampliar la intervención gubernamental te tira de la lengua:

—Las siete palabras más aterradoras del idioma inglés son: «Soy del gobierno y vengo a ayudarle».

Es de Ronald Reagan. Se te ha escapado.

Pinkwater, que sabe perfectamente quién eres (o eras), deja de untar. Le quita una fresa deshidratada a su bagel, la tira al fregadero y, por alguna razón, no tienes ni idea de por qué, se pone a hablarte de su aborto en la universidad. A decir que no se arrepiente. Que en realidad es uno de los procedimientos más sencillos del mundo, y Pinkwater ha tenido menstruaciones más difíciles que su aborto, dice, y si te vas a poner a hablar de excesos gubernamentales, ¿cómo de grande, cómo de invasivo y controlador ha de volverse un gobierno para que se le permita patrullar un puñetero útero? El aborto seguro es un *derecho básico*, dice, *necesario para la plena emancipación de la mujer*, y los tipos como tú, Alex Wilson, lleváis demasiado tiempo, demasiado, pasándoos por el forro los derechos de las mujeres, dice, haciendo que las demás mujeres asientan vigorosamente con la cabeza. Todas intervienen, en plan: Pinkwater, *todas* hemos tenido abortos, y todas se ponen a hablar de ellos.

—Al cabo de tres minutos yo ya estaba fuera —dice una, y cuando se ponen a hablar del tema, lo hacen con tanta naturalidad que te da miedo.

Echas un vistazo a la sala, experimentando un ligero pánico. *Aquí está sucediendo algo*, está sucediendo algo que no entiendes, porque, a pesar de todo lo que te ha pasado, todavía no has evolucionado, quizá no lo harás nunca...

Pero hay esperanza para ti.

Porque te has fijado en que hay ciertas madrugadas en que tu apartamento de Silver Springs se llena de ruidos extraños. Es como si hubiera alguien fuera, *caminando* alrededor de tu bloque de apartamentos antes de detenerse un momento delante de tu ventana, y a pesar de que estás en la planta baja y siempre tienes las persianas bajadas cuando ves la tele, puedes *oír perfectamente* el *clic y el chasquido* de un encendedor Zippo.

Desde los confines de tu sala de estar puedes oler la brasa del cigarrillo, oír el pequeño crujido de su fuego, seguido del suspiro profundo y cálido de un hombre que apoya la espalda en los ladrillos de Maryland para fumar, y Greg Tampico *siempre* usaba encendedores Zippo, y *siempre* suspiraba así después de la primera calada, y aunque desde un punto de vista intelectual entiendes que no puede ser Tampico, que es *imposible* que sea Tampico, la figura que ha empezado a aparecerse de madrugada delante de tu ventana, fumando, te despierta la imaginación de una forma que te aterra; no estás acostumbrado a poner en juego tus sueños. Y esas noches te da la impresión de que Tampico realmente está ahí, contigo, aunque no esté contigo, y por tanto ese *fantasma* viene a ser algo así como un *punto de partida, ha abierto un espacio nuevo*, ahora hay un sitio dentro de ti donde tu imaginación puede echar raíces y quizá engancharte, quizá crecer; y también tienes en la mente a los herero, esos namibios que se ponen las pieles de sus opresores, mientras sigues ahí sentado en la sala de personal del edificio Jefferson, escuchando a Pinkwater, contemplando con impotencia el colorido perchero donde están los jerséis ligeros de las mujeres, el juego de mininevera y microondas de Costco, los tazones de café meticulosamente lavados y secados y con mensajes como BAILA COMO SI NO TE VIERA NADIE y LA VIDA BALLENA DE ESPERANZA (con una foto de una ballena), o bien LAS MUJERES NO TIENEN QUE SUFRIR PARA QUE LOS HOMBRES SE DESCUBRAN A SÍ MISMOS, o el póster superkitsch de Thomas Jefferson que hay en la pared de encima del fregadero con la cita: LA

ACCIÓN OS DELINEARÁ Y OS DEFINIRÁ; y entonces tu mirada se encuentra con la del único otro hombre que está tomándose un descanso allí.

Está sentado a la mesa contigo y con las mujeres, pero hasta ahora no te habías fijado en él. Podría tener cualquier edad entre cuarenta y sesenta, y se lo ve, en fin, *completamente cómodo* con la conversación. Se está sirviendo una magdalena con semillas de amapola del tamaño de un pastel pequeño, la más grande de la caja que ha traído Pinkwater. Cuando estira la mano para cogerla, le ves una red azul de venas protuberantes que se extiende hacia sus nudillos, es la sangre que le sale lentamente del corazón y le vuelve a entrar, y la imagen del tipo yendo a coger la magdalena te enciende algo por dentro: o sea, ni siquiera *quieres* la magdalena.

Pero de pronto es importante para ti conseguirla.

Eres rápido, más rápido que él con mucha diferencia, y como quieres la magdalena y eres rápido, puedes ser el primero en agarrarla con un gesto raudo (y, para asombro trémulo del hombre, lo haces), y es todavía más pesada de lo que esperabas, toda aceite de almendra, y ni siquiera te molestas en quitarle el envoltorio mientras la sostienes delante de tu cara y contemplas a tu nuevo enemigo. *Deseas* esta magdalena, estás *hambriento*, piensas, y tomas nota mentalmente de entrar esta noche en Amazon para encargar tus mocasines de tira. Mocasines de Van Heusen para toda la semana. Y un cinturón trenzado barato. Y pantalones caqui.

No es la primera vez, piensas, ni tampoco será la última, y contemplas encantado cómo se le ensombrece la cara arrugada al hombre cuando das un bocado enorme, adentrándote en el aburrimiento infinito.

AGRADECIMIENTOS

Esta novela sería invisible de no ser por la sinceridad y el talento de Jim Rutman. También estoy tremendamente agradecida por la generosidad abrumadora y las preguntas incisivas planteadas por mi brillante editora, Jean Garnett, y por el extraordinario apoyo de Reagan Arthur y de todo el mundo en Little, Brown, sobre todo Betsy Uhrig y Dianna Stirpe. Al otro lado del charco, doy gracias a Kirsty Dunseath, mi editora en Penguin Random House Reino Unido, por su ayuda con todo lo que fuera británico. Gracias también a Ethan Nosowsky, Deb Olin Unferth y a la Creative Capital Foundation, a la Maine Arts Commission, a la Bogliasco Foundation, al Anderson Center for the Arts, el Bates College, y el Visitor Information Centre de Royal Leamington Spa, en Inglaterra. También debo dar gracias a Karol Frühauf y György Himmler por contratarme en el verano de 2017 para escaparme de la vida política de Estados Unidos y vigilar el puente Mária Valéria, que conecta Štúrovo, Eslovaquia, con Esztergom, Hungría, lo cual me permitió terminar este libro. Gracias también a Brian Brodeur, Benjamin Chadwick, Tracy Zeman, Courtney Campbell, Zachary Tyler Vickers, Paul X. Rutz y Thomas Israel Hopkins. Debo reconocer también la ayuda que me supusieron *Practical*, de Montagu Browne (1878); «The Aard-Vark or Earth-Hog», de Émile Oustalet (1879); «Biology of the Aardvark», de Joachim Knöthig (2005); «Thoughts out of Season on the History of Animal Ethics», del doctor Rod Preece (2007); «Bayle's 'Rorarius,' Liebniz and Animal Souls», de Richard Fry (2015); «Anthropomorphic Taxidermy and the Death of Nature», de Michelle Henning (2007); *Reincarnation in World Thought*, de Joseph Head y S. L. Cranston (1967); e *Images of Greatness: An Intimate Look at the Presidency of Ronald Reagan*, de Pete Souza (2004). Para ir terminando, doy gracias a Julie, mi máquina de hacerme reír y mi «infiltrada»; y, por supuesto, mi mayor agradecimiento es para el amor de mi vida (y de la siguiente), J. W.